GIN

GESCHICHTE · HERSTELLUNG · MARKEN

INHALT

Gin ist in 4

Gin-Wissen 8

    Eine kurze Geschichte des Gins 10

    Goldenes Zeitalter und Renaissance des Cocktails . . 26

    Der Wacholder im Brennkessel – Gin-Herstellung . . 32

    Botanicals – wie der Geist in die Flasche kommt . . 38

    Das Universum der Gin-Sorten 50

    Tonic Water – eine bittersüße Affäre 60

Gin-Porträts 66

Mixen mit Gin 188

Register 206

GIN IST IN

Gin ist in. Zweifellos und eindeutig. Die englische Nationalspirituose mit holländischen Wurzeln hat immer wieder bessere und schlechtere Zeiten erlebt. So führte der rasch zunehmende Gin-Konsum in der ersten Hälfte des 18. Jahrhunderts, als billigster, giftiger Fusel die Britische Insel überschwemmte, in Großbritannien zu einer wahren Regierungskrise. Nachdem der Gin diese Talsohle durchschritten hatte, musste er immerhin noch knapp einhundert Jahre warten, bis Mitte des 19. Jahrhunderts seine erste glanzvolle Epoche begann: Bis zum Vorabend des Zweiten Weltkriegs erlebte die Wacholderspirituose im goldenen Zeitalter der Cocktailkultur ihre erste große Blütezeit.

Die Qualität des Gins schnellte in diesen Jahren in bis dahin unbekannte Höhen, und Gin wurde vom Getränk der armen Leute zum Gaumenkitzler sowohl der bürgerlichen Mitte als auch der geschmäcklerischen Upperclass. Im Gin Tonic, Dry Martini und anderen Long- und Shortdrinks fand der Gin seine Bestimmung. Als aber in der Nachkriegszeit die Barkultur verkümmerte und der Wodka seinem Konkurrenten den Rang ablief, fiel die Gin-Aktie wieder in den Keller. Doch in den 1990er-Jahren entdeckten die Menschen nicht nur in England, sondern rund um den Globus die Cocktailkultur wieder, und seitdem feiert auch der Gin ein beispielloses Comeback. Nichts geht mehr ohne ihn, und insbesondere seit der Jahrtausendwende schießen des-

B.cool with Booth's smooth gin.

BOOTH'S
Finest Dry Gin

halb in aller Welt unzählige neue Gin-Destillerien aus dem Boden, die für einen faszinierenden Geschmacksreichtum sorgen. Der Wacholder ist in den modernen New Western Gins nicht länger der alleinige Regent, vielmehr stellen ihm erfindungsreiche Meisterdestillateure andere Aromen entgegen oder zur Seite. Nie zuvor war das Universum des Gins so vielfältig und von Einfallsreichtum geprägt wie heute. Grund genug, den Gin, seine Geschichte, seine Kultur und einige seiner herausragenden Vertreter genauer unter die Lupe zu nehmen!

Auf den folgenden Seiten führen wir Sie – ob Gin-Novize oder -Connaisseur – zunächst durch die spannende Geschichte des Gins: von den Anfängen der Destillation in Europa über die Entstehung des Genevers

und seine Immigration nach England, die Gin-Krise und den Aufstieg der Cocktailkultur bis hin zur Renaissance des Gins in jüngster Zeit. Ein Blick auf die Herstellungs-methoden hilft zu verstehen, was den Gin eigentlich zum Gin macht. Anschließend werfen wir einen Blick auf die wichtigsten Zutaten der alchemistischen Kunst des Gin-Brennens, die aromagebenden sogenannten Botanicals. Durch sie wird Gin zu einem wacholdrigen Herbling, einer ozeanisch-frischen Zitrusbrise oder einer harmonisch-floralen Duftwolke – durch sie erhält er seinen Charakter, seine Tiefe und sein Aromenspiel. Freilich ist Gin nicht gleich Gin – das gilt nicht nur für einzelne Produkte, sondern ebenso für die historischen und aktuellen Unterscheidungen zwischen verschiedenen Sorten, die unter anderem auf unterschiedliche Destillationsmethoden zurückgehen: Wir erläutern den Stammbaum der gesamten Gin-Familie samt entfernterer Wacholder-Verwandter. Und wer Gin sagt, der sagt – nicht immer, aber immer wieder – auch Tonic. Das chininhaltige Sprudelwasser ist seit Ewigkeiten der treueste Begleiter des Gins, weshalb dem bittersüßen Erfrischer die Rolle als wichtigster Nebendarsteller gebührt. Die Hauptrolle ist jedoch eindeutig vergeben: Wir porträtieren 60 der berühmtesten und interessantesten, traditionsreichsten und außergewöhnlichsten Gin-Marken aus aller Welt – ein kleines Lexikon des Gins und seiner aromatischen Vielfalt. Abgerundet wird das Buch schließlich mit den wichtigsten Cocktailrezepten, die auf der feinherben Wacholdernote basieren.

Wir wünschen Ihnen viel Vergnügen bei der Lektüre und stoßen an:
Auf Ihre Gesundheit – Cheers!

Gin-Wissen

EINE KURZE GESCHICHTE DES GINS

DESTILLATION – HOCHPROZENTIGES WISSEN

Wie bei vielen alten Mythen verschwimmt auch der Ursprung der Geschichte des Gins im Dunkel der Vergangenheit. Kein Gin beispiels-

Orient und Okzident – nicht nur in der Geschichte der Destillation, sondern auch in der Werbung für Gin vereint.

weise ohne die Technik der Destillation, deren Anfänge weit zurückreichen – im alten China, in Babylon und sogar schon in der Jungsteinzeit waren Formen und Vorformen des Alkoholbrennens bekannt. In der Spätantike und bis zum Frühmittelalter geriet das Wissen darum in Europa allerdings in Vergessenheit. An der Nahtstelle von Orient und Okzident, von islamischer und christlicher Welt, entstand es von Neuem: Im 8. und 9. Jahrhundert eroberten Araber weite Teile der iberischen Halbinsel sowie Sizilien. Durch Gelehrte und Wissenschaftler, wie den andalusisch-arabischen Arzt Abulcasis, der im maurischen Córdoba praktizierte und forschte, und über geistliche Zentren, wie das Benediktinerkloster Monte Cassino in Salerno, hielt die „alchemistische" Kunst des Alkoholbrennens in Europa Einzug. Zunächst ging es freilich ausschließlich um medizinische Zwecke. Nachdem der Magister Salernus Aequivocus Mitte des

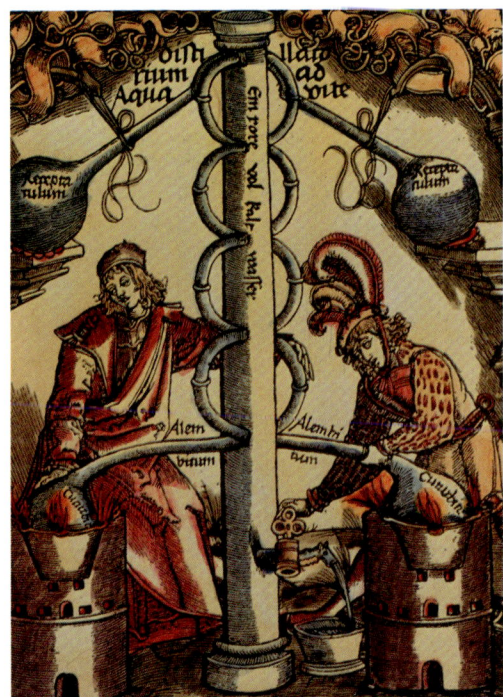

12. Jahrhunderts „aqua ardens", das „brennende Wasser", beschrieben hatte, ein noch ziemlich minderwertiges Destillat, verbesserte etwa ein Jahrhundert später der Bologneser Arzt Taddeo Alderotti die Technik erheblich, indem er eine Flüssigkühlapparatur einsetzte. Von nun an war das Brennen qualitativ höherwertigen Alkohols möglich, den Alderotti „aqua vitae", „Wasser des Lebens", nannte – denn schließlich schrieb er ihm erhebliche heilende, lebensspendende Kräfte zu.

WACHOLDER IN ZEITEN DER PEST

Kein Gin auch, um die Geschichte von der anderen Seite her aufzuzäumen, ohne Wacholder. Den Beeren des Wacholderbaums wurden schon seit der Antike heilende Wirkungen zugeschrieben. Der Brabanter Universalgelehrte Thomas von Cantimpré sowie der flämische Schriftsteller Jacob von Maerlant empfahlen im 13. Jahrhundert das Auskochen und Brennen für eine Vielzahl gesundheitlicher Zwecke, vor allem aber zur Heilung von Magen-Darm-

Der Gemeine Wacholder enthält unter anderem Zitronensäure, Gerbsäure, Gerbstoff, Zink, Mangan, Menthol, Oxalsäure und ätherisches Öl. Ihm werden eine Vielzahl von Heilwirkungen zugeschrieben, in der Volksmedizin wird er unter anderem zur Behandlung von Magen-Darmbeschwerden und als harntreibendes Mittel eingesetzt.

beschwerden sowie bei Leber- und Nierenleiden.

Als zwischen 1330 und 1340 die Beulenpest in der zentralasiatischen Hochebene ausbrach, dauerte es nicht lange, bis die todbringende Krankheit auch in Europa ihren Tribut forderte. Über die Seidenstraße gekommen, wütete der „Schwarze Tod" zunächst im Mittelmeerraum und breitete sich dann immer weiter bis hoch in den skandinavischen Norden aus. Zwischen 1347 und 1353 soll die Pest rund 25 Millionen Menschen dahingerafft haben, mindestens jeden dritten Einwohner des Kontinents.

Zwar nahm man seinerzeit nicht an, Wacholder könne die Pest heilen – wohl aber griffen die Menschen zu allen Strohhalmen, um sich vorbeugend gegen den gefürchteten „Schwarzen Tod" zu wappnen. Zimmer wurden mit Wacholder ausgeräuchert, große Wacholderfeuer sollten die Luft klären und die Krankheit fernhalten, Wacholderbeeren wurden in jeder erdenklichen Form gegessen und getrunken, um sich innerlich zu reinigen. Die

Paul Fürsts Kupferstich „Doctor Schnabel von Rom" aus dem Jahr 1656 zeigt die typische Schutzkleidung gegen den „Schwarzen Tod". Der unheimlich anmutende Schnabel diente dem Schutz vor Ansteckung über die Atemwege.

Gesichtsmasken, die Ärzte und andere Menschen, die täglich mit Pestkranken in Berührung kamen, trugen, wurden ebenfalls mit Wacholder bestückt: In einen schnabelartigen Fortsatz füllten die Pestbekämpfer neben Kräutern auch Wacholderbeeren, um die Träger vor der Infektion zu schützen – freilich mit überschaubarem Erfolg.

VOM NIEDERLÄNDISCHEN GENEVER …

Als der Pestgeruch über dem europäischen Kontinent verflogen war und die Menschen aufatmen konnten, verlor die Kunst der Destillation zunehmend ihren medizinischen Zweck. Von nun an stellte man Alkohol immer mehr im Interesse des Genusses her. Ab dem frühen 16. Jahrhundert konnte man nicht mehr nur Wein destillieren, sondern auch Getreide – ein Quantensprung, denn Weintrauben waren rar gesät und stark vom Klima abhängig, während Getreide quasi überall, auch in kühleren und regnerischen Gegenden, in rauen Mengen vorhanden war. Damit entwickelten sich in vielen Ländern Europas nationale Traditionen der Branntweinherstellung: Whisky in Schottland, Wodka in Russland, Brandy in Spanien oder Cognac in Frankreich. Für die Geburt des Gins in England war jedoch ein Umweg über das Festland nötig: In den Niederlanden, Belgien und Nordfrankreich verbreitete sich um 1550 die Sitte, Kornbrände mit Wacholder zu aromatisieren. Daraus entstand der für die Niederlande typische Genever oder Jenever. 1575 gründete die Familie Bols in Amsterdam ihre Destillerie und brannte vermutlich schon damals eine mit Wacholder aromatisierte Spirituose. Das erste Rezept für „Aqua Juniper" wurde 1622 ebenfalls in Amsterdam veröffentlicht, und zu jener Zeit gelangte der Genever in England zu sprichwörtlicher Berühmtheit.

… ZUM ENGLISCHEN GIN

1618 brach der Dreißigjährige Krieg aus, in dessen Malstrom bald ganz Europa gezogen wurde. Drei Jahre später flammte zudem der Spanisch-Niederländische Krieg wieder auf, und bald kämpften auch englische Truppen auf niederländischer Seite. Die Legende besagt, dass die niederländischen Truppen sich mit Genever buchstäblich Mut antranken, was unter den englischen Soldaten als „Dutch Courage" sprichwörtlich wurde und in der Folge in den Sprachschatz auf der Britischen Insel einging. Selbstverständlich konnten auch die englischen Kriegsmänner ein wenig Mut gut gebrauchen – und nahmen den Genever

David Teniers der Jüngere, ein flämischer Bauernmaler, ist bekannt für seine Alltagsszenen. Auf diesem Gemälde aus den 1640er-Jahren wird im Hintergrund Gin destilliert, während der einarmige Mann vorn gerade eine Flasche desselben erwirbt.

gleich mit nach Hause, wo er binnen kürzester Zeit bekannt wurde.

Bald schon kopierte man in London und den südenglischen Hafenstädten den holländischen Schnaps, und aus Genever wurde durch angelsächsische Verkürzung der „einsilbige" Gin. 1638 gründeten Théodore de Mayerne, gebürtiger Schweizer und Leibarzt sowohl des französischen als auch des englischen Königs, und einige andere die „Worshipful Company of Distillers", die von König Karl I. exklusiv das Recht zugesprochen bekam, in London und Umgebung Alkohol und Essig herzustellen. Mit diesem Monopol ausgestattet, setzten Mayerne und Company eine Reihe von Qualitätsstandards durch, mit denen der englische Gin gewissermaßen das Laufen lernte.

HOLLÄNDISCH-ENGLISCHE AFFÄREN

Holland und England, Genever und Gin – das sollte eine beinahe endlose Geschichte werden. Mit der „Glorious Revolution", der Glorreichen Revolution von 1688/89, endete in Eng-

Als Genever-Freund Wilhelm III. von Oranien-Nassau (1650–1702) 1689 den englischen Thron bestieg, wurde der Gin in England noch populärer.

land die Herrschaft des Hauses Stuart und das Zeitalter des Absolutismus. Mit der „Bill of Rights" wurde das aus Ober- und Unterhaus bestehende Parlament gegenüber der Monarchie deutlich gestärkt. Der katholische König Jakob II. floh nach Frankreich, und seine protestantische Tochter Maria II. und ihr Gemahl Wilhelm III. von Oranien-Nassau – als Statthalter der Niederlande selbstredend ein Freund des Genevers – bestiegen gemeinsam den englischen Thron. Zu den ersten Amtshandlungen von König Wilhelm III. gehörte das Einfuhrverbot französischer Waren, das dem Nachschub am beliebten französischen Branntwein einen Riegel vorschob. Zugleich wurde die Destillation auf Basis von heimischem Getreide gesetzlich gefördert und steuerlich so gut wie freigestellt. Dieser „Distilling Act" von 1690 sowie weitere Gesetze und Erlasse in den folgenden Jahren räumten dem Gin in England einen historisch einmaligen Wettbewerbsvorteil gegenüber allen anderen Spirituosen ein. Mit weitreichenden Folgen, denn schon bald wurde Gin nicht mehr von manchen genossen, sondern von allen gesoffen ...

Gin – privates Laster, öffentlicher Vorteil

Bernard Mandeville, ein gebürtiger Niederländer und Wahl-Londoner, veröffentlichte 1714 „Die Bienenfabel, oder Private Laster, öffentliche Vorteile". Dieses Lehrgedicht ist eine moral-philosophische Provokation, denn sein Autor behauptet, dass tugendhaftes, maßvolles, friedfertiges Verhalten nichts als eine Bremse für Fortschritt und Wirtschaftswachstum sei, während Verschwendung und Ausschweifung, Ausbeutung und Krieg deren Tempo beschleunigten und den Reichtum vermehrten. Auf eine Formel gebracht: Private Laster sind von öffentlichem Nutzen.

Zum privaten Laster erster Güte war seinerzeit längst der maßlose Gin-Konsum geworden, zugleich war er jedoch ein beträchtlicher Wirtschaftsmotor und somit ein öffentlicher Vorteil. Es ist also vielleicht kein Zufall, dass Mandevilles Fabel einer der frühesten, wenn nicht der erste Text überhaupt ist, in dem das Wort „Gin" schriftlich festgehalten und zum sozial-alphilosophischen Thema wird.

Privates Laster, öffentlicher Vorteil? Oder doch „Mother's Ruin", wie der Gin im 18. Jahrhundert auch genannt wurde? Während Mutter allerdings bereits abgeführt wird, bedient sich die Tochter am Krug, und auch der kleine Bruder möchte nicht unwissend bleiben.

GIN CRAZE – EINE BRITISCHE SINNKRISE

Wilhelm III. hatte sich als edler Förderer des Gins gegeben, seine Nachfolgerin, Königin Anne, auch bekannt als „Brandy Nan", die ihren Tee selten ohne Zusatz von Hochprozentigem geschlürft haben soll, öffnete die Schleusen zur Hölle, als sie den Gin-Markt weitestgehend deregulierte. Billiger Fusel überschwemmte in der Folge insbesondere die Londoner Armenviertel. Sittlicher Verfall und soziale Ver-

wahrlosung nahmen bald das untere Drittel der englischen Bevölkerung in ihren Würgegriff. Die Verelendung ging so weit, dass in der 1720er-Jahren mehr gestorben als geboren wurde, weil der nicht selten giftige Fusel sowohl die Fruchtbarkeit einschränkte als auch die Kindersterblichkeit in schwindelerregende Höhen trieb. Schon bald war die Rede von „Mother's Ruin", und bis über die Mitte des Jahrhunderts hinaus hatte der „Gin Craze", der Gin-Wahn, ganze Stadtviertel Londons fest im Griff. Die Politik sah sich zum Einschreiten genötigt und erließ zwischen 1729 und 1751 gleich fünf größere „Gin Acts", fünf Gesetze zur Eindämmung des Gin-Konsums, um wieder Herr der Lage zu werden. Die Gin-Krise, die zugleich eine politische Sinnkrise war, ebbte in der Folge ab und endete 1757/58, als zwei-

Gin Act in England, Gin Action in Frankreich – jenseits des Ärmelkanals rieb man sich in der Hafenstadt Dünkirchen die Hände: Weil die Produktion und der Genuss von Gin auf der Britischen Insel gesetzlich zurückgedrängt worden waren, brannten im Norden Frankreichs die Destillationsapparaturen auf Hochtouren.

1751 veröffentlichte der englische Maler William Hogarth zwei sozialkritische Stahlstiche. Während in der hier abgebildeten „Gin Lane" das völlige Chaos herrscht, geht es in der „Beer Street" vergleichsweise sittsam zu. Über dem Eingang zum Kellerlokal links der Treppe prangt der Werbeslogan: „Drunk for a penny, Dead drunk for two-pence, Clean straw for nothing" – „Betrunken für einen Groschen, sturzbetrunken für zwei, sauberes Stroh umsonst". Auch Schriftsteller wie Daniel Defoe und Henry Fielding schalteten sich in die Debatte ein und warnten eindrücklich vor den sozialen Folgen des Gin-Konsums. Nach mehreren Gesetzen zur Regulierung des Gin-Konsums flachte die Sinn- und Gin-Krise in den 1750er-Jahren ab.

mal in Folge die Ernte fast völlig ausfiel und die Destillation von Getreide, das für das tägliche Brot dringender benötigt wurde, zeitweise gänzlich verboten wurde.

PALÄSTE DES GINS

Nachdem das dunkelste Kapitel in der Geschichte des Gins zu den Akten gelegt war, ging es mit dem Ruf der Wacholderspirituose endlich bergauf. Das halblegale oder illegale Brennen in dunklen Hinterhöfen wurde von der Regel zur Ausnahme, und es entstand eine immer professionellere Destillierindustrie. Eine ganze Reihe von Verbesserungen der Fabrikationsmethoden führte schließlich dazu, dass es zwischen 1830 und 1850 möglich wurde, qualitativ hochwertigen Gin ohne Zugabe von Zucker herzustellen. Die Notwendigkeit, den nur mangelhaft ge-

Ein einfach gehaltener „Gin Shop" aus der Feder der englischen Karikaturisten und Illustratoren George und Robert Cruikshank. Das Publikum besteht nicht aus den Ärmsten der Armen, sondern ist durch und durch bürgerlich. Vor übermäßigem Alkoholgenuss war man aber auch hier nicht gefeit, wie man an der Figur vorne rechts sehen kann – der schon mehr als ein halbes Jahrhundert zurückliegende „Gin Craze" ist offenbar noch nicht in Vergessenheit geraten.

Die ab Ende der 1820er-Jahre aus dem Boden schießenden und immer pompöseren „Gin Palaces" waren fest in der Hand gehobener Kreise. Lichtdurchflutet von erst wenige Jahre zuvor erfundener Gasbeleuchtung, mit poliertem Mahagoni, glänzendem Messing und geschliffenem Glas edel ausgestattet, setzten sie sich sowohl von dunklen Pubs als auch einfachen Gin Shops gut sichtbar ab. The Railway Tavern wurde 1849 im nordirischen Belfast eröffnet und 1885 in Crown Liquor Saloon umbenannt: Aufwendig restauriert, erstrahlt das Meisterwerk britischer Bar-Architektur heute im alten viktorianischen Glanz.

reinigten Alkohol zu süßen, um ihm seine beißende Schärfe zu nehmen, entfiel fortan. Damit endete die unumschränkte Herrschaft des stets gesüßten „Old Tom Gins", und es brach die Ära des „London Dry Gins" an. Die stark angestiegenen Qualitätsstandards sowie verbesserte politische und rechtliche Rahmenbedingungen führten zu einem Aufschwung der Gin-Herstellung – und dazu, dass die Wacholderspirituose

gesellschafts-, salon- und hoffähig wurde. Als 1825 in Großbritannien die Alkoholsteuer deutlich gesenkt wurde, bekamen die bereits seit einigen Jahren üblichen „Public Houses", besser bekannt als „Pubs", in denen Bier ausgeschenkt wurde, Konkurrenz von den bald so genannten „Gin Palaces". Keine Frage, der Gin war nicht nur in der Mitte der Gesellschaft, sondern auch in der „Upperclass" angekommen!

THE REAL MCCOY

1920 begann in den Vereinigten Staaten die Prohibition, mit der die Trinkfreude der US-amerikanischen Bevölkerung eingedämmt werden sollte.

Ein wichtiges Ziel des Alkoholverbots war die Verringerung der Kriminalität, doch dieser Schuss ging nach hinten los. Der junge Al Capone verdankte der Prohibition seinen Aufstieg – und seine Beliebtheit in Teilen der Be-

San Francisco World Spirits Competition

Insbesondere in den letzten beiden Jahrzehnten sind rund um den Globus viele Spirituosen-Wettbewerbe ins Leben gerufen worden. Zu den prominentesten und renommiertesten gehört die „San Francisco World Spirits Competition", die zum ersten Mal im Jahr 2000 abgehalten wurde. Die „Best Gins" seit 2000 (keine Austragung 2002) sind:

2000	Tanqueray No. Ten Gin (Großbritannien)
2001	Tanqueray No. Ten Gin (Großbritannien)
2003	Tanqueray No. Ten Gin (Großbritannien)
2004	Tanqueray Gin (Großbritannien)
2005	Tanqueray Gin (Großbritannien)
2006	Plymouth Gin (Großbritannien)
2007	Tanqueray London Dry Gin (Großbritannien)
2008	Plymouth Gin (Großbritannien)
2009	Bluecoat American Dry Gin (USA)
2010	Beefeater 24 London Dry Gin (Großbritannien)
2011	Sloane's Dry Gin (Niederlande)
2012	Tanqueray London Dry Gin (Großbritannien)
2013	Beefeater London Dry Gin (Großbritannien)
2014	Hayman's London Dry Gin (Großbritannien)
2015	Master's Dry Gin (Spanien)
2016	Calyx Gin 2015 Edition (USA)
2017	Tarquin's The Sea Dog Navy Strength Gin (Großbritannien)

Chicago 1936, drei Jahre nach dem der Ende der Prohibition: Gangsterboss Doyle Lonnegan (Robert Shaw), Trickbetrüger Johnny Hooker (Robert Redford) und sein erfahrener Kollege Henry Gondorff (Paul Newman) (v. l.) sind in der erfolgreichen Gaunerkomödie „Der Clou" (1973) mit Spielgeld, Zigarren und Gordon's London Dry Gin gut versorgt.

völkerung. Capone und Co. schmuggelten Spirituosen ins Land, die in den sich rasend schnell ausbreitenden „Speakeasies" – illegalen „Flüsterkneipen" – ausgeschenkt wurden. Doch es wurde nicht nur geschmuggelt, sondern auch schwarz gebrannt – und das natürlich mit dubiosen Methoden und verheerenden Wirkungen. Für hausgemachten Gin aus minderwertigem Industriealkohol bürgerte sich bald der Begriff „Bathtub Gin" ein – weil er tatsächlich oft in Badewannen zusammengepanscht wurde. Die selten genießbaren, oft gesundheitsschädlichen „Badewannen-Gins" wurden nicht wirklich geliebt, aber guter Stoff war teuer und selten. Der echte englische Gin wurde zunächst legal nach Kanada oder in die Karibik verschifft und von dort in die Staaten geschmuggelt. Die glücklichen Empfänger nannten den Gin aus Übersee bald „The Real McCoy". Dabei mag der selbst tapfer abstinente Schmuggler Bill McCoy, der den guten Stoff über die Bahamas ins Land brachte, eine gewisse Rolle gespielt haben – die Phrase „The Real Mackay" (später McCoy) ist jedoch unstritig deutlich älteren Datums, und man bezeichnete mit ihr schon lange vorher das, wofür im Deutschen „Der wahre Jakob" zuständig ist.

DER NEUE GIN-WAHNSINN

„Der trockenste Martini ist ein guter Gin, der mal neben einer Wermutflasche gestanden hat", soll Winston Churchill gesagt haben – und der als trinkfreudig geltende berühmteste britische Staatsmann des 20. Jahrhunderts musste es bekanntlich wissen. Dass ein gewisser James Bond üblicherweise „Wodka Martini, geschüttelt, nicht gerührt" bestellt, hätte dem knorrigen Premier wohl nur ein verächtliches Grinsen abgerungen. Martini wird üblicherweise nicht geschüttelt, weil er dann eintrübt – und er wird klassisch mit Gin, nicht mit Wodka zubereitet. Bei der notorischen Bestellung handelt es sich also um eine doppelte geheimdienstliche Geschmacklosigkeit, die Churchill, die „britische Bulldogge", also womöglich doch erzürnt hätte. Denn erstens ist Gin eigentlich nichts anderes als Wodka, der allerdings kunstvoll mit Wacholder und anderen Zusätzen aromatisiert wird. Und zweitens ist Wodka zweifelsohne der erste Schritt in die Fänge des Doppelagententums ...

Der russische Wodka war im 20. Jahrhundert der furchterregendste Widersacher des britischen Gins. In den 1960er-Jahren verdrängte der geschmacksneutrale Wodka den aromatischen Gin auf der Beliebtheitsskala der Schnapstrinker und Cocktail-Connaisseurs. Nach dem „Gin Craze" im 18. Jahrhundert, als ihn alle trinken wollten, erlebte der Gin nun seine zweite existentielle Krise, als ihn fast keiner mehr trinken wollte. Bis Ende der 1980er-Jahre darbte der herabgewürdigte Wacholderschnaps vor sich hin – dann traf der neu kreierte „Bombay Sapphire" mit seiner blauen Flasche und exotischen Aromatik den Zeitgeist, und Anfang der 1990er-Jahre begann eine Renaissance der Cocktailkultur. In den folgenden beiden Jahrzehnten feierte die immer raffinierter verfeinerte Wacholderspirituose in den Cocktailbars von Berlin bis New York ein glanzvolles Comeback und wurde zum Kultgetränk. Heute ist Gin wieder so angesagt wie kaum jemals zuvor, und fast könnte man meinen, man befinde sich inmitten eines neuen Gin-Wahnsinns ...

GOLDENES ZEITALTER UND RENAISSANCE DES COCKTAILS

Ein Gin kommt selten solo daher – ganz ohne Begleitung fühlt er sich selten wohl. Er passt sowohl perfekt zu anderen bitteren Komponenten als auch zu süßen Partnern. Ob Gin Tonic, Gin Fizz oder Dry Martini – im Mix spielt der Gin seine Qualitäten elegant aus. Als der Gin im 19. Jahrhundert vom Rinnsteingesöff zur Edelspirituose aufstieg, verwob sich

This is no "copy-cat" gin. New Milshire is charcoal filtered—never too "ginny"

MILSHIRE
the charcoal filtered gin

daher sein Siegeszug mit dem des Cocktails.

Die Geschichte des Cocktails, wie wir ihn heute kennen, beginnt um das Jahr 1800. Zu dieser Zeit gab es einige Erfindungen, die das Mixen erst ermöglichten und zugleich attraktiv machten. Der englische Theologe und Naturwissenschaftler Joseph Priestley entwickelte bereits 1772 eine Methode zur Herstellung von Sodawasser, indem er Schwefelsäure in eine kalkhaltige Lösung leitete und das entstandene Kohlenstoffdioxid in einem Becher mit Wasser löste. 1826 produzierte der ungarische Physiker und Benediktinerpater Ányos Jedlik erstmals Sodawasser in einem selbst

Die Wurzeln des US-amerikanischen Unternehmens Heublein reichen bis in das Jahr 1862 zurück. 1939 kaufte es die Rechte an Smirnoff Wodka und wurde zum Big Player, Anfang der 1980er-Jahre kam das Aus durch Verkauf und Zerschlagung. Heubleins Milshere London Dry Gin ist heute vergessen, in den 1970er-Jahren warf er sich noch glamourös in Schale.

Das Eis ist heiß: Ohne gefrorenes Wasser geht beim Mixen von Longdrinks und Cocktails rein gar nichts.

entwickelten Siphon. Den ersten Erfolg bei der Bestrebung, künstlich Kühlung zu erzeugen, verbuchte 1756 der Schotte William Cullen, der durch einen chemischen Prozess geringe Mengen Eis herstellte. Ab 1834 vermarktete der amerikanische Geschäftsmann Alexander Twinning die ersten chemisch betriebenen Kühlschränke, 1859 gelang dem französischen Ingenieur Ferdinand Carré durch den Einsatz von Ammoniak auf diesem Gebiet ein entscheidender Durchbruch: Seine „Ammoniakabsorbtionskältemaschine" warf bis zu 200 Kilogramm Eis in einer Stunde aus. Ab 1820 vertrieb Frederic Tudor, der „Eiskönig von Boston", zunächst in den Vereinigten Staaten, später nahezu weltweit im großen Stil Natureis. 1845 baute der amerikanische Arzt John Gorrie in Florida die erste Kältemaschine, die sich allerdings auf dem Markt nicht durchsetzen konnte. Nach weiteren Entwicklungen auf diesem Gebiet verbreiteten sich ab den 1870er-Jahren wirtschaftlich arbeitende Kältemaschinen, die eine konstante Kühlung ermöglichten.

Und es war ebenfalls um das Jahr 1800, als das Wörtchen Cocktail begann, Karriere zu machen. Zahllose Theorien, Legenden und Anekdoten ranken sich um seinen Ursprung. Möglicherweise entspricht keine von ihnen der Wahrheit, aber sie sind doch allesamt sehr unterhaltsam.

So soll das Wort erstmals 1798 in einer Glosse einer Londoner Gazette aufgetaucht sein, in der dem damaligen Premierminister William Pitt dem Jüngeren die Einnahme eines nicht näher beschriebenen Getränks namens „cock-tail" unterstellt wird, dem er vor allem im Wahlkampf zugesprochen habe, da

Ultimate Spirits Challenge

Die „Ultimate Spirits Challenge" ist eine noch junge, aber prominente Preisverleihung mit Sitz in New York. Journalisten, Bartender und weitere Experten bewerten die Spirituosen auf einer Skala von bis zu 100 Punkten. Nachstehend genannt werden die punktbesten Gins, die mit der „Chairman's Trophy" ausgezeichnet wurden:

2010	97 Punkte	Broker's London Dry Gin (Großbritannien)
2011	95 Punkte	Beefeater London Dry Gin (Großbritannien)
2012	95 Punkte	Plymouth Gin (Großbritannien)
2013	96 Punkte	Fords Gin (Großbritannien)
2014	95 Punkte	Tanqueray No. Ten Gin (Großbritannien)
2015	97 Punkte	Cold River Gin (USA)
2016	97 Punkte	The West Winds Gin „The Cutlass" (Australien)
2017	97 Punkte	Ferdinand's Saar Dry Gin (Deutschland)
	97 Punkte	Tanqueray London Dry Gin (Großbritannien)
2018	96 Punkte	Plymouth Gin (Großbritannien)
	95 Punkte	Whitley Neill Handcrafted Dry Gin (Großbritannien)

Die Goldenen Zwanziger – eine der ganz großen Epochen der Cocktailkultur. In der Pause zwischen einem Charleston und dem nächsten tranken die „Flapper", die flatterhaften Damen, gern einen Tom Collins, Gin Rickey oder Martini.

es zugleich enthemmend und bene- belnd wirke – eine für Politiker nachgerade ideale Mischung. An- dere führen das Wort auf den Weck- ruf des Hahns zurück – „cock" und „tail" bedeuten im Englischen „Hahn" und „Schwanz" –, da Cock- tails in ihrer Entstehungszeit vor al- lem morgens – selbstverständlich ausschließlich zur Stärkung – eingenommen wurden. Eine weitere Herleitung stützt sich darauf, dass die Schweife von Zugpferden im 18. und 19. Jahrhundert oft gestutzt wurden, damit sie sich nicht im Geschirr verhedderten. Weil ihr Schweif nun wie ein Hahnenschwanz in der Luft stand, nannte man diese Pferde „cock-tailed" – und dieser Begriff soll dann auf die stimulierende Wirkung eines Cocktails übertragen worden sein. Wieder andere leiten das Wort Cocktail vom „cock ale" (Hahnenbier) ab, das man beim Hahnenkampf den Kontrahenten eingeflößt habe, um sie aggressiver zu machen. Spekuliert wird auch über einen französischen Ursprung des Wortes: Es habe ein Getränk namens „Coquetel" gegeben, dessen Name wiederum auf das französische Wort „coqueter" (kokettieren) zurückgehen könnte.

Doch kehren wir aus dem Reich der Anekdoten zurück in gesicherte Gefilde: Der Begriff Cocktail bezeichnete zuerst nur ein schmales Segment der Mixgetränke, die sogenannten „Bittered Slings". „Professor" Jerry Thomas, der Stammvater der Barkeeper-Kultur, führte den Cocktail

in seiner 1862 veröffentlichten Rezeptsammlung „How to Mix Drinks, or the Bon Vivant's Companion", dem legendären ersten Buch zum Thema, als eine Kategorie unter vielen auf. Erst später spielte der Begriff sich peu à peu in den Vordergrund, umfasste schließlich zunächst die Shortdrinks, dann sogar die Longdrinks. Ursprünglich eine amerikanische Mode, schwappte die Cocktailkultur in der zweiten Hälfte des 19. Jahrhundert, ihrem Goldenen Zeitalter, über den großen Teich und infizierte zunächst die Britische Insel, dann die Zentren des gesamten Kontinents. Bis zum „Jazz Age" und zu den „Roaring Twenties" stand der Cocktail hoch im Kurs: Allerdings waren Zutaten wie Wermut, Liköre und Bitters während der Prohibition in den Staaten rar gesät, weswegen die Spirituosen dort vermehrt pur getrunken wurden. Zudem waren die ausgeklügelten Alarmsysteme der „Speakeasies", der oft raffiniert versteckten illegalen „Flüsterkneipen", darauf ausgelegt, alles Verdächtige schnell verschwinden lassen zu können. Viele amerikanische Bartender gingen während dieser Zeit nach Europa und steuerten ihren Teil dazu bei, dass die Cocktailkultur die Alte Welt vollends eroberte.

Während der Weltwirtschaftskrise, des Zweiten Weltkriegs und der Zeit danach stand den Menschen verständlicherweise der Sinn nicht nach Cocktails. In den Nachkriegsjahrzehnten erholte sich die Cocktailkultur nur langsam, und ihr haftete lange der Geruch des Elitären und Exklusiven an. Spätestens ab den 1990er-Jahren begann schließlich die Cocktailrenaissance, mit der auch der Gin wieder ins Scheinwerferlicht rückte. Eine neue Generation interessierte sich wieder verstärkt für die Kunst, aus Spirituosen, Sirups, Säften und Co. herbe und süße, frische und aromatische, fruchtige und cremige Kompositionen zu kreieren. Cocktailbars, nach denen man früher lange suchen musste, entstanden an jeder Straßenecke und gehören inzwischen wieder zum Bild mindestens der Großstädte. Der Cocktail, so viel steht fest, hat sich aus seiner Nische befreit und ist in der Mitte der Gesellschaft angekommen ...

DER WACHOLDER IM BRENN-KESSEL – GIN-HERSTELLUNG

STARKER STOFF

Am Anfang der Gin-Produktion steht die Destillation von Neutral-alkohol. In der Regel wird dafür Getreide verwendet, aber auch andere Rohstoffe, wie Kartoffeln oder Wein, sind sowohl erlaubt als auch geeignet. Die vergorene Maische (oder Melasse) wird rektifiziert, also getrennt bzw. gereinigt, und am Ende dieses Prozesses steht ein beinahe reiner Alkohol mit bis zu 96 % vol. Die meisten Destillerien beziehen diesen Ausgangsstoff bei darauf spezialisierten Firmen, die wenigsten stellen ihn in Eigenregie her.

Juniperus communis, common juniper, Gemeiner Wacholder: In der 1903 gegründeten Langley Distillery vor den Toren Birminghams kommt der wichtigste Geschmacksstoff des Gins zentnerweise in eine der altehrwürdigen Kupferbrennblasen („Copper Pot Stills").

Schottischer Exzentriker mit unverwechsel-barem Geschmack: Für den Hendrick's Gin aus dem Hause der Whisky-Dynastie William Grant & Sons werden mit einer historischen Kupfer- und einer Carter-Head-Brennblase zwei sehr charakteristische Destillate hergestellt und dann sorgfältig vermischt.

DIE ALCHEMIE DES BRENNMEISTERS

Man nehme Neutralalkohol, Wasser, Wacholderbeeren und weitere Aromageber (Botanicals) – es werde Gin. Die Kunst der Brennmeisters einer Destillerie besteht darin, geschmacksneutralen Alkohol in aromatischen Gin zu verwandeln. Zunächst wird dafür der hochprozentige Ausgangsstoff mit etwas Wasser verschnitten (oft auf circa 70 % vol.), denn zum einen wäre er pur mitunter zu aggressiv, und zum anderen wirkt auch das Wasser beim Aufschlüsseln und Extrahieren der Aromen mit.

Um den Geschmack aus den Wacholderbeeren und weiteren aromagebenden Kräutern, Gewürzen und Früchten zu lösen, gibt es mehrere, freilich recht ähnliche Methoden der Extraktion: An erster Stelle steht die wohl am häufigsten verwendete Methode der Mazeration, des Kaltauszugs. Dafür werden Wacholder und Co. in der Regel zerkleinert und bekommen dann ein längeres Bad im verwässerten Alkohol spendiert. Nach ein paar Stunden, über Nacht oder binnen ein bis zwei Tagen (ge-

In einer traditionellen kupfernen Destille wird The Duke, der fabelhafte Dry Gin aus München, zum Leben erweckt.

gebenenfalls sogar noch länger) hat der Alkohol die Aromen gelöst und sich einverleibt. Beliebt unter Brennmeistern ist heute die Mehrfachmazeration, durch die ein Gin mehr Tiefe und Nuancen gewinnen soll –

allerdings kann er sich dann nicht mehr „London Dry Gin" nennen, der nur einmal mazeriert werden darf. Eine Variante der Mazeration ist die Digeration, bei welcher der Alkohol auf etwa 40 bis 50 °C erhitzt wird.

Man muss die Botanicals nicht unbedingt in Alkohol „baden", man kann die Aromen auch im aufsteigenden Dampf extrahieren. Bei der Methode der Dampfinfusion werden die Botanicals in einen Korb im Steigrohr oberhalb des Brennappa-

Zitronenschalen und Lavendelblüten aus den Weinbergen im Konzer Tälchen gehören zu den 31 Botanicals, die dem deutschen Ferdinand's Saar Dry Gin sein Riesling-Aroma verleihen.

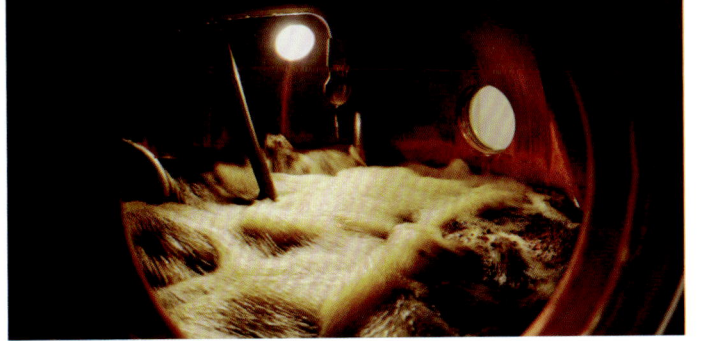

Zwei Bullaugen lassen in das Innere der Brennblase blicken – sechs Stunden dauert ein Durchlauf in der Münchner Gin-Destille.

rats gefüllt, der erwärmte Alkohol steigt nach oben und löst die Aromen. Diese Art, Wacholder und Co. den Geschmack zu entlocken, wird von ihren Fürsprechern insbesondere deshalb empfohlen, weil die

Aromen so schonender aus den Gewürzen, Kräutern, Wurzeln und Schalen in den Alkohol übergehen. Typisch für die Dampfinfusion ist die Verwendung einer Carter-Head-Brennblase.

Vier prall gefüllte Schubladen mit Botanicals werden in der idyllisch inmitten der schottischen Highlands gelegenen, 1824 gegründeten Balmenach Distillery in eine runde, kupferne Brennkammer – eine Spezialanfertigung aus dem Jahr 1920 – gegeben. Brennmeister Simon Buley verwendet elf Botanicals und lässt dem Caorunn Gin viel Zeit, um ein besonders harmonisches Ergebnis zu erzielen, dem man anmerkt, dass es „handgemacht" ist.

KREATIVE RAFFINESSE UND TECHNISCHE PERFEKTION

Die hohe Kunst des Brennmeisters besteht darin, dem Alkohol Geschmack einzuhauchen. Das Gespür für die eingesetzten Botanicals und ihre Auswirkungen auf den entstehenden Gin ist das schöpferische Herz seines Könnens. Daneben sollte er freilich einige technische Vorgänge perfekt beherrschen. Nach der Mazeration (oder einer anderen Art und Weise der Aromatisierung) wird das Zwischenergebnis nochmals destilliert – erst damit entsteht eine klare Spirituose. Am Ende dieses

Beverage Testing Institute

Das Beverage Testing Institute wurde 1981 in Chicago gegründet und veröffentlicht in einem Magazin und längst natürlich auch mittels einer Internetpräsenz Testergebnisse, die auf Blindverkostungen basieren. Die höchstplatzierten Gins in den vergangenen Jahren sind:

2012	94 Punkte	*Few Barrel Aged Gin (USA)*
	94 Punkte	*Roundhouse Imperial Barrel Aged Gin (USA)*
2013	94 Punkte	*Letherbee Gin (USA)*
2014	94 Punkte	*BelleWood Gin (USA)*
	94 Punkte	*Copperworks Distilling Company Gin (USA)*
	94 Punkte	*Gin Mare Mediterranean Gin (Spanien)*
2015	95 Punkte	*Rehorst Barrel Reserve Gin (USA)*
2016	97 Punkte	*Frey Ranch Gin (USA)*
	97 Punkte	*Cotswolds Dry Gin (Großbritannien)*
2017	97 Punkte	*Elephant Strength Gin (Deutschland)*
2018	97 Punkte	*Martin Miller's Westbourne Strength Gin (Großbritannien)*

Brennvorgangs werden Vor- und Nachlauf abgetrennt, um unerwünschte Nebenprodukte wie Fuselöle, Essigester und Methanol abzuscheiden. Der übrig bleibende Mittellauf wird abschließend durch Zugabe von Wasser auf Trinkstärke reduziert. Mindestens 37,5 % vol. sind gesetzlich vorgeschrieben, höhere Einstellungen über 40 % vol. und bis jenseits der 50 % vol. schmecken jedoch oft runder. Die „Endeinstellung" des Alkoholgehalts übernimmt ja ohnehin in der Regel der Endverbraucher oder Barkeeper, wenn der Gin im Longdrink oder Cocktail mit anderen Komponenten final abgestimmt wird.

Dicke Mädchen haben schöne Namen, heißen Tosca, Rosa oder Carmen. Kugelrunde „Pot Stills" und andere Destillationsapparaturen erhalten traditionell weibliche Namen von altehrwürdigem Charme, wie Constance, Veronica – oder Matilda, die bei The London Distillery Company ihren Dienst bei der Herstellung des Dodd's Gins tut und nach der schottischen Großmutter des Firmen-Mitgründers Darren Rook benannt wurde.

BOTANICALS – WIE DER GEIST IN DIE FLASCHE KOMMT

Was wäre ein Gin ohne die sogenannten Botanicals? Ein Wodka, natürlich! Erst die zugegebenen Aromen machen den Gin zum Gin. Sie sind sein Herz, seine Seele, sie prägen ihn und geben ihm sein Geschmacksbild. Ein Gin ist im Kern das Ergebnis der Kompositionskunst des Brennmeisters, der kunstvollen Harmonisierung einer kleineren oder größeren Zahl botanischer, also pflanzlicher, Inhaltsstoffe. Zwar verraten die meisten Destillerien einige der verwendeten Zutaten – oder auch alle –, die exakte Rezeptur bleibt aber natürlich ein streng gehütetes Betriebsgeheimnis. Fest steht nur: Wacholder war bisher noch in jedem Gin enthalten. Andere Botanicals, wie Koriander, Zitrone oder Veilchenwurz, kommen so gut wie sicher vor, andere sind seltener vertreten, und natürlich gibt es auch außergewöhnliche, exotische Aromenspender, die nur genau diesen einen Gin zu etwas ganz Besonderem machen.

Die Anzahl der möglichen Botanicals ist theoretisch unbegrenzt, de facto wird in der Gin-Produktion eine wohl dreistellige Zahl eingesetzt. Aus dieser Vielzahl haben wir nachstehend einige typische Vertreter ausgewählt.

Die Porträts der 60 Gins im folgenden Kapitel beinhalten jeweils eine Aufstellung der Botanicals, die für den vorgestellten Gin neben Wacholder verwendet werden. Nicht immer ist die Datenlage in dieser Hinsicht eindeutig, weswegen die Vollständigkeit und Exaktheit nicht immer gewährleistet werden kann.

Wacholder
(Juniper/Juniperus communis)
Der Wacholder ist eindeutig der Hecht im Karpfenteich. Er hat dem Gin (wie schon dem Genever) seinen Namen gegeben, ohne seine Teilnahme würde man nicht von einem Gin sprechen, und auch in der einschlägigen EU-Verordnung von 2008 ist

festgeschrieben, dass „der Wacholdergeschmack vorherrschend bleiben muss". Alle anderen Botanicals haben sich also hintenanzustellen. Im klassischen London Dry Gin ist die Wacholderbeere dominant und prägt das Geschmacksbild sehr stark, während in den modernen New Western Gins andere Aromen deutlich vorwitziger durchschmecken, ohne freilich die Vorherrschaft des Wacholders zu durchbrechen.

fast schwarz und damit reif werden. In getrockneter Form sind sie erstaunlich zurückhaltend im Geschmack und fast süßlich – bei der Verarbeitung, im Kochtopf oder der Destille, entwickeln sie jedoch ihren charakteristisch herb-bitteren Geschmack.

Der „Gemeine Wacholder" ist nur eine von vielen Wacholderarten, aber die am weitesten verbreitete. Seine Beeren, die botanisch streng genommen eigentlich „Zapfen" oder „Scheinbeeren" heißen, brauchen drei Jahre, bis sie dunkelblau,

Koriander

(Coriander/Coriandrum sativum)

Gleich hinter dem Wacholder ist Koriander der vielleicht wichtigste Nebendarsteller in der Gin-Herstellung. Selten fehlen seine Samen, denn er „grundiert" in der Regel die Komposition. Sein Geschmack ist dezent, aber unverkennbar. Er bringt Zitrustöne und sowohl eine gewisse Frische als auch Schärfe ein.

Angelika
(Angelica/Angelica archangelica)

Die auch „Engelwurz" genannte Angelika ist überall in den gemäßigten Zonen der Nordhalbkugel zu Hause und von breitgefächert würzigem Geschmack. In den Samen, dem rübenförmigen Rhizom sowie den Wurzeln sind ätherische Öle und bittere Geschmackskomponenten enthalten. Als Ingredienz im Gin sorgt Engelwurz für ein lang anhaltendes Geschmackserlebnis und intensiviert das Aroma anderer Botanicals.

Veilchenwurz
(Orris root/Iris florentina)

Das Rhizom der Schwertlilie, die auch Florentinische Iris genannt wird, ist nicht nur kleinen Kindern beim Zahnen behilflich, sondern auch großen Kindern – im Gin nämlich. Die gewisse Schärfe der Veilchenwurz wird durch Trocknen milder, und im Gin entfaltet sich sowohl in der Nase als auch im Mund eine blumige Note. Die Veilchenwurz gehört zu den Standard-Botanicals, da sie für die Harmonie der verschiedenen Zutaten eine wichtige Rolle spielt.

Bohnenkraut
(Savory/Satureja hortensis)

Bohnenkraut passt erstens zu Bohnen – und zweitens zu Gin. Es stammt aus dem östlichen Mittelmeergebiet und bringt würzige bis pfeffrige Geschmacksnuancen ein, vergleichbar denen von Thymian und Rosmarin.

Ingwer
(Ginger/Zingiber officinale)

Das knollenförmige Rhizom des in den Tropen und Subtropen gedeihenden Ingwers gehört zu den wichtigsten Botanicals. Sein frischer, reichlich zitrusartiger Geschmack weist eine schöne Schärfe auf, die perfekt mit Wacholder harmoniert.

Kardamom
(Cardamom/Elettaria cardamomum + Amomum subulatum)

Kardamom ist ein Ingwergewächs, das aus Asien stammt. Vor allem die Kapseln des Grünen Kardamoms finden Verwendung. Während die grüne Variante ein leicht scharfes Zitrusaroma besitzt, steuert der schwarze Vertreter, der üblicherweise über Feuer getrocknet wird, eine rauchig-erdige Geschmackskomponente bei.

Kubebenpfeffer
(Kubeb/Piper cubeba)
Paradieskörner
(Grains of paradise/ Aframomum melegueta)

Der auf Java und anderen indonesischen Inseln heimische Kubebenpfeffer, wegen seiner Herkunft

Ohne Wacholderbeeren, Koriandersamen, Angelikawurzel und Zitrusfruchtschalen geht in Sachen Gin so gut wie nichts. Neben den vier ständigen Vertretern sowie einer Reihe von üblichen Verdächtigen, die immer wieder aktenkundig werden, gibt es natürlich auch Kräuter, Gewürze, Wurzeln, Samen und Früchte, die selten oder einmalig sind. Auf der „Schatzkarte" des afrikanisch angehauchten Elephant Gins sind unter anderem Affenbrotbaumfrucht, Löwenohr und Teufelskralle verzeichnet.

auch Java-Pfeffer genannt, ist nicht einfach scharf und pfeffrig, wie man vielleicht vermuten könnte, sondern hat ein an Eukalyptus erinnerndes Aroma mit deutlich bitteren Spitzen und zitrusartigen Anklängen. Ebenfalls pfefferartig sind die sogenannten Paradieskörner, rote Samen eines an der westafrikanischen Pfefferküste wachsenden Ingwergewächses. Sie heißen auch Guinea- oder Meleguetapfeffer, sind aber weit weniger scharf als herkömmlicher Pfeffer und haben einen warmen, herben Nachgeschmack.

Die ganze Welt der Botanicals: 19 Kräuter, Gewürze und Früchte, die im französischen Citadelle Gin stecken und auch vielen anderen Gins ihr Aroma verleihen: Mandel, Veilchenwurz, Wacholder, Fenchel, Sternanis, Paradieskörner, Orangenschale, Kardamom, Veilchen, Zitronenschale, Koriandersamen, Kubebenpfeffer, Zimtkassie, Süßholz, Bohnenkraut, Muskatnuss, Angelika, Kreuzkümmel, Zimt

Lavendel

(Lavender/Lavandula angustifolia)

Der Echte Lavendel stammt ursprünglich aus dem Mittelmeerraum, hat sich aber auch in den kälteren Norden fortgepflanzt. Sein fein herber, dezent bitterer, zugleich aber auch blumiger und parfümartiger Geschmack wird von Brennmeistern gern verwendet. Ihm wird oft nachgesagt, an Rosmarin – ebenfalls manchmal ein Botanical – zu erinnern, hat allerdings nicht dessen Intensität und Spitzen.

Mandel

(Almond/Prunus amygdalus)

Die Mandel ist, entgegen anders lautenden Gerüchten, keine Nuss, sondern eine Steinfrucht (wie Pflaume oder Aprikose, deren Kerne mitunter auch im Alkoholbad landen).

Interessant für die Herstellung von Gin ist weniger die Süßmandel mit ihrem mild-nussigen Aroma, sondern die Bittermandel mit ihren marzipanartigen und, wie der Name schon sagt, angenehm bitteren Geschmacksnoten.

Minze *(Mint/Mentha)*
Der aromatisch-kühl-belebende Kräutergeschmack des in Minze enthaltenen Menthols ist ein perfekter Begleiter des Wacholders. Er haucht manchem Gin eine frische Brise ein. Je nach Minzesorte, von denen es eine ganze Reihe gibt, bringt er ganz verschiedene Geschmacksnuancen mit sich, von Apfel über Basilikum bis Orange.

Muskat
(Nutmeg/Myristica fragrans)
Die getrockneten Früchte des Muskatnussbaums, insbesondere in tropischen Gebieten Asiens, Afrikas und Südamerikas heimisch, haben raffiniert erdige, dezent herbe Geschmacksnoten, die ebenso intensiv wie charakteristisch sind. Im Gin steht Muskat selten im Vordergrund, bildet dafür aber umso öfter eine diskrete Grundierung.

Rose *(Rose/Rosa)*

Ein wenig süß, manchmal auch mit säuerlichen Zwischentönen, dabei aber immer mild, mit diskreten Bitternuancen, schmecken Rosenblätter, die nicht nur im Garten, sondern mit ihrem Duft und ihrer floralen Eleganz auch im Gin-Kosmos eine wichtige Rolle spielen. Der berühmteste Rosenkavalier unter den Wacholderspirituosen ist der Hendrick's Gin.

Süßholz
(Liquorice/Glycyrrhiza glabra)
Anis *(Anise/Pimpinella anisum)*
Sternanis
(Star anise/Illicium verum)
Fenchel
(Fennel/Foeniculum vulgare)

Beim Herstellen von Gin bekommt die Redewendung „Süßholz raspeln" einen ganz neue Dreh – die getrocknete und oft tatsächlich geraspelte Wurzel der subtropischen Süssholzpflanze gehört zu den sehr häufig vertretenen Botanicals. Sowohl die Pflanze als auch ihr bekanntestes Produkt heißen Lakritze. Für den charakteristischen Geschmack mitverantwortlich ist Anethol, ein Stoff, der auch in Anis, Sternanis und Fen-

Nelke
(Clove/Syzygium aromaticum)
Ursprünglich – wie auch der Muskatnussbaum – auf den Molukken, die auch als Gewürzinseln bekannt sind, beheimatet, ist der Gewürznelkenbaum heute weitverbreitet. Seine getrockneten braunen Knospen haben ein intensives Aroma mit raffinierten Bitternoten, die von einer subtilen Schärfe und fast unmerklichen Süße begleitet werden.

chelsamen enthalten ist und nicht nur in Pastis oder Ouzo steckt, sondern auch vielen Gins eine schöne Note verleiht.

Zimt *(Cinnamon/Cinnamomum)*
Zimtkassie
(Cassia bark/Cinnamomum cassia)
Der intensive, ja aufdringliche Duft und Geschmack von Zimt ist süßlich, schwer und unverkennbar. Es handelt sich um die getrocknete Rinde des Echten Zimtbaums, der ursprünglich aus Ceylon stammt. Noch häufiger findet man im Gin die Kassie oder Kassia, die auch China-Zimt genannt wird. Ihrer Schale

fehlt die süßliche Komponente weitgehend, sie ist nicht nur optisch, sondern auch geschmacklich rauer und sorgt für würzige Noten.

Zitrone *(Lemon/Citrus limon)*
Orange *(Orange/Citrus aurantium)*
Limette
(Lime/Citrus aurantiifolia/latifolia)
Grapefruit
(Grapefruit/Citrus paradisi)
Bergamotte
(Bergamot orange/Citrus bergamia)
Zitrusfrüchte gehören seit jeher zu den beliebtesten Botanicals, in jüngerer Vergangenheit sind sie, insbesondere im New-Western-Segment, aber noch einmal deutlich mehr in den Vordergrund getreten. Der „Tanqueray Rangpur Distilled Gin" beispielsweise glänzt, nomen est omen, mit Rangpur-Limetten. Verwendet werden von Zitrusfrüchten die Schalen, die viele ätherische Öle enthalten und sowohl sauer als auch herb aromatisch sind, mitunter aber auch die Blüten.

Wine Enthusiast

Die Zeitschrift „Wine Enthusiast" wurde 1979 in New York gegründet. Sie prämiert jährlich nicht nur guten Wein, sondern auch Spirituosen in verschiedenen Kategorien auf einer 100-Punkte-Skala. Die höchstbewerteten Gins seit 2010 sind:

2010	96–100 Punkte	Old Raj Gin (Großbritannien)
2011	96 Punkte	Citadelle Gin (Frankreich)
2012	97 Punkte	Aviation Gin (USA)
2013	94 Punkte	Downslope Distilling Ould Tom Citrus Flavored Gin (USA)
2014	96 Punkte	Tanqueray No. Ten Gin (Großbritannien)
2015	94 Punkte	Boreal Juniper Gin (USA)
	94 Punkte	Hana Gin (USA)
	94 Punkte	Spirit Works Barrel Gin (USA)
2016	94 Punkte	Martin Miller's Westbourne Strength Gin (Großbritannien)
2017	94 Punkte	Citadelle Réserve Solera Gin (Frankreich)

49

DAS UNIVERSUM
DER GIN-SORTEN

LONDON DRY GIN

Der London Dry Gin ist die handelsüblichste und am weitesten verbreitete Sorte der Wacholderspirituose. Es handelt sich dabei jedoch nicht um eine geschützte geografische Herkunftsbezeichnung. London Dry Gin muss nicht in der bri-

tischen Hauptstadt hergestellt werden, und in der Tat werden nur wenige Vertreter seiner Art heute an der Themse produziert. London Dry Gin bezeichnet vielmehr eine Herstellungsart, an die einige Qualitätsmerkmale geknüpft sind, eine Art „Reinheitsgebot", wenn man so will. Die Europäische Union hat mit der Verordnung Nr. 110 aus dem Jahre 2008 verbindliche Kriterien festgelegt: Ein „London Gin", der durch den Zusatz „Dry" ergänzt werden darf, wird „durch erneute Destillation von Ethylalkohol landwirtschaftlichen Ursprungs" gewonnen. Dieser Alkohol muss „mindestens 96 % vol." enthalten, das daraus resultierende Destillat mindestens „70 % vol." und das Endprodukt mindestens „37,5 % vol.". London Dry Gin darf „nicht mehr als 0,1 g Zucker je Liter" enthalten. Neben Alkohol und Aromaten darf er nur Wasser enthalten – es dürfen also beispielsweise keine Farbstoffe zugesetzt werden.

Jenseits des Gesetzes gilt: London Dry Gin ist erstens „trocken" und wird zweitens von der Wacholderbeere geprägt. Die Botanicals, ob Kräuter, Gewürze oder Zitrusfrüchte, begleiten und ergänzen den Wacholdergeschmack, ohne ihn zu überlagern oder zu dominieren. Alle Botanicals, also auch die Wacholderbeeren, werden vor der zweiten Destillation und auf einmal zugegeben – wird in mehreren Schritten aromatisiert, spricht man dagegen von einem „Dry Gin". Klassisch wird London Dry Gin auf der britischen Insel mit 47 % vol. verkauft, während die Trinkstärke auf dem europäischen Festland meist nur vergleichsweise milde 40 % vol. beträgt. Insbesondere in Kombination mit Tonic wirken Gins mit höherem Alkoholgehalt oft runder und harmonischer.

DRY GIN

Der Dry Gin ohne den geografischen Vorsatz „London" muss keineswegs schlechter sein als jener mit. Der entscheidende Unterschied zwischen beiden liegt darin, dass bei der Produktion von Dry Gin die Botanicals zu jedem Zeitpunkt hinzugefügt werden dürfen. Außerdem besteht keine Pflicht, sie auf einmal beizugeben, vielmehr können verschiedene

Aromageber zu verschiedenen Zeitpunkten zugegeben werden. Damit hat der federführende Destillationsmeister bei dieser Variante mitunter sogar mehr Freiheiten und Möglichkeiten, die verschiedenen Aromen perfekt zu harmonisieren.

PLYMOUTH GIN

Der Plymouth Gin ist der einzige britische Gin mit dem Siegel „Appellation d'Origine Contrôlée", der geschützten Herkunftsbezeichnung. 1884 und 1887 führte die Black Friars Distillery aus Plymouth im Südwesten Englands zwei Prozesse gegen Trittbrettfahrer und ließ ihren Marken- und Produktnamen schützen. Nur sie produziert bis heute „Plymouth Gin". Jenseits von „London"

Kann auch echte Seemänner umhauen: Die Black Friars Distillery, lange Hauslieferant der britischen Admiralität, brennt eine hochprozentige „Navy Strength". Verschütteten die Soldaten zur See der englischen Krone sie über ihrem Schwarzpulver, mussten sie sich keine Sorgen machen – es brannte trotzdem.

und „Plymouth" gibt es freilich unendlich viele nicht gesetzlich festgeschriebene Ortsbezeichnungen, wie „American Dry Gin", „Schwarzwald Dry Gin" oder „Amsterdam Dry Gin".

NEW WESTERN DRY GIN

Der „New Western Dry Gin" oder „New Western Style Gin" ist der wichtigste Trend der neueren Gin-Historie. Während klassische Gins von einem dominanten Wachholderaroma geprägt sind, tritt dieses beim New Western Gin in den Hintergrund, ohne freilich zu verschwinden. Vielmehr gesellen sich eines oder mehrere andere Aromen neben den unverzichtbaren Wacholder und bilden ein starkes Gegengewicht. Prägnante Beispiele sind der „Hendrick's Gin" mit seinem Rosen- und Salatgurkenaroma, der „Gin Mare" mit seinem mediterranen Einschlag oder der safranfarbene „Saffron Gin" mit seinen prägnanten Fenchelnoten. Die neu austarierte Balance zwischen Wacholder und anderen Botanicals sowie das reiche Aromenspiel eignen viele Gins des New Western Style besonders gut dafür, als „Shot" pur genossen zu werden.

OLD TOM GIN

Wie Old Tom Gin entstand und wie er zu seinem Namen kam, bleibt bis zu einem gewissen Maße im Dunkel der Geschichte verborgen. Ob es die lausige Qualität des Alkohols im

Die Katze vor dem heißen Gin-Fass – ein typisches Etikett von gesüßtem Old Tom Gin.

18. Jahrhunderts war, der die Produzenten dazu trieb, den schlechten Geschmack mit Zucker zu überdecken, oder ob es vielmehr die wachsende Verfügbarkeit des Luxusguts Zucker war, die ihn mit dem Gin ver-

mählte, ist nicht mehr zweifelsfrei zu klären. Jedenfalls ist Old Tom Gin genau das: gesüßter Gin. Wahrscheinlich hatte der Name nicht schon von Anfang an diese Bedeutung, bezeichnete aber schon vor 1800 stärker oder schwächer gezuckerte Gin-Formen. Möglicherweise stammt die Bezeichnung Old Tom von einem Thomas Chamberlain ab, der einst Meisterdestillateur in Hodge's Distillery in London war. Ein jüngerer Angestellter, Thomas Norris, verließ die Firma und eröffnete einen Gin Shop, in dem er Chamberlains Gin kredenzte und ihn zu Ehren seines Erschaffers „Old Tom Gin" nannte.

Es wurde später üblich, auf den Etiketten von Old Tom eine Katze sowie ein Fass abzubilden. Das hat möglicherweise, aber auch das ist letztlich Spekulation, mit einem gewissen Captain Dudley Bradstreet zu tun, der Ende der 1730er-Jahre – inmitten des „Gin Craze" – eine Gesetzeslücke entdeckte: Der illegale Verkauf von Gin wurde nur dann verfolgt, wenn der Name des Beschuldigten benannt werden konnte. Der findige Bradstreet hatte den

Schalk im Nacken, nagelte das Bild einer Katze – in der blutrünstigen Version dieser Geschichte: eine leibhaftige – an sein Fensterkreuz und verbreitete die frohe Botschaft, dort, wo die Katze hänge, gebe es Gin. Man müsse nur das Losungswort „Puss" (Kätzchen) aussprechen, die Antwort sei „Mew" (Miau). Im Anschluss kam es über eine Vorrichtung – eine Schublade oder ein Rohr – zum Austausch von Geld und Ware, Käufer und Verkäufer sahen einander nicht und blie-

Indisches Süßholz und Vanille aus Madagaskar, Holunderblüten und Süßorangen verwendet die niederländische Destillerie Zuidam aus Baarle-Nassau für ihre Version des Old Tom's.

ben sich unbekannt. Bradstreets Trick wurde als „Puss and Mew" sprichwörtlich.

Im 19. Jahrhundert wurde der nicht ganz trockene Old Tom Gin vom Dry Gin verdrängt, im 20. Jahrhundert starb er zwischenzeitlich völlig aus, im Sog des großen Gin-Hypes der letzten Jahre erstand er jedoch wieder auf und erlebt zurzeit eine kleine Renaissance. Die aktuellen Old Toms weisen in der Regel nur einen sehr feinen Anflug von Süße auf.

Mit denselben zehn Botanicals wie der hauseigene London Dry Gin, jedoch höher dosiert, wird der Old Tom aus der traditionsreichen Hayman-Destillerie aromatisiert. Durch leichte Zuckerung wird er zu einem Gin des 18. Jahrhunderts.

SLOE GIN

Sloe Gin ist genau genommen kein Gin, enthält aber sehr wohl welchen. Es handelt sich vielmehr um einen mit Gin angesetzten Schlehenlikör, der zwischen 25 und 28 % vol. aufweist. Seine rötliche Farbe rührt von den Früchten des Schlehdorns her, die von außen allerdings blau aussehen. Verwandte Liköre gibt es auch in Deutschland (Schlehenfeuer), Frankreich (Prunelle), Italien (Bargnolino) und Spanien (Pacharán). Sloe Gin hat zwar stets eine gewisse Süße, verfügt jedoch über ein breites Geschmacksspektrum, von fruchtig bis herb.

Wie andere Gin-Produzenten auch hat Sipsmith den Sloe Gin wiederentdeckt. In die Süße der Schlehen mischen sich sowohl fruchtig-saure Töne als auch pfeffrige Noten.

GENEVER

Dass der Gin vom Genever abstammt, kann man sowohl schmecken als auch bereits an den Namen hören. Gin ist eine Verkürzung von Genever, das sich wiederum von Juniperus, dem lateinischen Wort für Wacholder, ableitet. In den Niederlanden findet man beide Schreibweisen, Genever und Jenever, während in Belgien, dem anderen Stammland des Wacholderschnapses, nur der Jenever bekannt ist. Auch für die Produktion von Gene-

Kein Schlehen-, sondern ein Quitten-Gin, Ferdinand's Hommage an das englische Vorbild, kommt von der Saar.

ver bildet Neutralalkohol die Aus- gangsbasis, die dann mit Wachol- der und Gewürzen wie Koriander, Anis und Kümmel aromatisiert wird.

Der entscheidende Unterschied zum englischen Urenkel besteht darin, dass der Alkohol vor der weiteren Verarbeitung mit dem sogenannten Moutwijn (Malzwein) verschnitten wird. Für ihn werden Roggen, Gers- tenmalz und Mais dreifach auf knapp 50 % vol. destilliert, wobei beim abschließenden Destilliergang oftmals Gewürze und Kräuter ver- wendet werden. Der fertige Mout- wijn wird anschließend manchmal kürzer, meistens länger in Holzfäs- sern geschmacklich gereift.

Aus Alkohol, Moutwijn und Aromen entstehen schließlich die verschie- denen Genevervarianten: Oude Ge- never, Jonge Genever, Graan Gene- ver, Bessen Genever und Korenwijn. Der oude (alte) Genever wird zwar in der Tat oft in Fässern gereift, während der jonge (junge) umgehend in den Handel kommt – für die verschiedenen Bezeichnungen ist verwirrenderweise allerdings nicht das Alter verantwortlich, vielmehr sind die abweichenden Herstellungsmethoden namensgebend. Der Oude Genever ist zudem historisch älter, der Jonge Genever ein Kind erst des 20. Jahrhunderts.

Genever hat im Vergleich mit Gin einen geringeren Alkoholgehalt, der üblicherweise zwischen 30 und 40 % vol. liegt. Der Zuckergehalt ist höher – er ist also nicht so „dry" wie typischer Gin. Außerdem ist die Wacholdernote des Genevers oftmals nicht so ausgeprägt wie bei seinem englischen Verwandten. Während die ehedem übliche Steinzeugflasche beim Gin annähernd ausgestorben ist, werden viele Geneversorten auch heute noch in den traditionellen Gefäßen angeboten.

STEINHÄGER

Obwohl der deutsche Steinhäger bis heute ebenfalls in Ton- oder Steinkrüge abgefüllt wird, hat der Name nichts mit den charakteristischen Flaschen zu tun. Steinhäger stammt vielmehr aus dem westfälischen Steinhagen am Südhang des Teutoburger Waldes und ist seit 1989 durch eine geografische Herkunftsbezeichnung geschützt. Für ihn wird Getreidealkohol mit einem Destillat auf Basis vergorener Wacholderbeeren gemischt. Das Resultat, der sogenannte „Lutter", wird nochmals destilliert, wobei nur noch geringe Mengen Wacholder hinzugefügt werden dürfen. Steinhäger hat üblicherweise einen Alkoholgehalt von 38 % vol.

Proof 66

Das Internetportal Proof 66 führt keine eigenen Tests, Verkostungen und Bewertungen durch, sondern aggregiert die Ergebnisse der bekanntesten amerikanischen Bewertungsdienste San Francisco World Spirits Competition, Beverage Testing Institute und Wine Enthusiast. Nach einem Punktesystem ergibt sich ein Ranking, in dem die je aktuell höchstbewerteten Spirituosen vorne liegen.

Die nach oben offene Gin-Skala, Stand April 2018:

1.	715 Punkte	Martin Miller's Westbourne Strength Gin (Großbritannien)
2.	699 Punkte	Frey Ranch Gin (USA)
3.	697 Punkte	Cotswolds Dry Gin (Großbritannien)
4.	694 Punkte	Conniption Navy Strength Gin (USA)
5.	686 Punkte	Elephant Strength Gin (Deutschland)
6.	664 Punkte	Salcombe Start Point Gin (Großbritannien)
7.	659 Punkte	Copperworks Distilling Northwest Gin (USA)
8.	658 Punkte	Caorunn Scottish Gin (Großbritannien)
9.	657 Punkte	Anchorage Distillery Aurora Gin (USA)
10.	655 Punkte	Romeo's Montreal Dry Gin (Kanada)
11.	650 Punkte	Bols Barrel Aged Genever Gin (Niederlande)
12.	645 Punkte	Four Pillars Rare Dry Gin (Australien)
	645 Punkte	Stonecutter Spirits Single Barrel Gin (USA)
13.	641 Punkte	Copperworks Distilling Northwest Cask Finished Gin (USA)
14.	637 Punkte	Bombay Sapphire London Dry Gin (Großbritannien)
15.	636 Punkte	Citadelle Gin (Frankreich)

TONIC WATER –
EINE BITTERSÜSSE AFFÄRE

DAS STÄRKENDE WASSER

Ein Gin kommt selten allein. Sein treuester Begleiter ist das Tonic Water. Das „stärkende Wasser" bezieht seinen bitteren Geschmack aus der Rinde des Chinarindenbaums, der ursprünglich allerdings nicht, wie man denken könnte, aus Asien, sondern aus Südamerika stammt. Erstmals isolieren konnten das Chinin 1820 die beiden französischen Chemiker und Pharmazeuten Pierre-Joseph Pelletier und Joseph Bienaimé Caventou, die sich sofort auch der industriellen Gewinnung verschrieben.

Bald gehörte Tonic Water, das seinerzeit noch weitaus mehr Chinin

enthielt als heute, zur standardmä-
ßigen Ausrüstung europäischer Ko-
lonialtruppen, die sich damit gegen
Malaria schützten – die Bezeichnung „Indian Tonic Water" der Firma Schweppes (gegründet 1783) erinnert noch heute daran, dass
britische Kolonialherrn in Indien
ihre Chinintabletten mit Sodawasser und Limettensaft zu sich nahmen, wie von Johann Jacob Schweppe vorgeschlagen.

DIE ALCHEMIE VON
GIN UND TONIC

Aus „Gin Tonic", „Gin and Tonic", „G
and T" oder „GnT" ist längst eine
Wissenschaft für sich geworden.
Nicht nur der Wahl des Gins wird
heute die Aufmerksamkeit zuteil,
sondern auch das „richtige" Tonic
Water und die perfekte Kombination
beider Komponenten sind herrliche
Anlässe für abendfüllende Streitge-
spräche. Es ist sicherlich müßig,
Wahlverwandtschaften zwischen
Gins und Tonics zu behaupten. Wie
so oft, geht auch bei der Suche nach
dem perfekten Paar Probieren über
Studieren. Die Frage, welches Tonic
Water es denn sein darf, stellt sich

freilich sowieso nicht immer, denn
nur das weitverbreitete „Schweppes
Indian Tonic Water" ist problemlos
in jedem ordentlichen Supermarkt
erhältlich. Günstige Alternativen
sind häufig auch etwas „billig" im
Geschmack, recht süß auf Kosten
der Bitternoten und im schlechtes-
ten Fall bessere Zitronenlimonaden,
allerdings kann man es durchaus
auf die Einzelfallprüfung ankommen lassen. Andere Qualitäts-
marken sind vielfach nur im gut
sortierten Einzelhandel, ob in der

wirklichen Welt oder im Cyberspace des Internet, aufzutreiben. Barkeeper, die etwas auf sich halten, schwören auf ihr Lieblings-Tonic-Water oder haben gleich mehrere im Angebot, die man sonst nicht oft zu sehen bekommt.

SCHWEPPES INDIAN TONIC WATER

Das Indian Tonic Water von Schweppes ist der unangefochtene Marktführer und auf den Massenmarkt abgestimmt, jedoch unter dem

Strich ein auch für den Connaisseur hervorragend geeignetes Produkt. Es ist vielleicht etwas süßer als einige Nischen-Tonics, zugleich recht zitronig, und die Bitteraromen könnten noch ausgeprägter sein. Die Kohlensäure ist vorbildlich stark und nachhaltig präsent. Schweppes Indian Tonic Water passt tendenziell zu klassischen Gins mit vielen Umdrehungen, während eher zerbrechliche, vielschichtige New Western Gins in ihm untergehen. Es ist unter dem Strich ein herausragender Allrounder mit sehr gutem Qualitätsniveau.

THOMAS HENRY TONIC WATER

Thomas Henry war ein englischer Apotheker, der Ende des 18. Jahrhunderts in Manchester – etwa zeitgleich mit Johann Jacob Schweppe in Deutschland – Soda- und Mineralwasser produzierte. Sein Bildnis ziert das Berliner Tonic Water gleichen Namens, das nicht sich selbst, sondern den Gin, für den es gemacht ist, in den Mittelpunkt stellt. Säure und Süße halten sich dezent im Hintergrund, und auch der bittere Chi-

ningeschmack ist wohlbemessen. Es harmoniert sowohl mit klassischen als auch modernen Gins, verbindet sich sowohl mit wacholderlastigen, zitronigen als auch floralen Gins.

1724 TONIC WATER

1724 Meter über dem Meeresspiegel, in den chilenischen Anden, wird das Chinin für das „1724 Tonic Water" geerntet. Nicht nur bergsteigerisch, sondern auch preislich anspruchsvoll, wartet der Champagner unter den Tonics eher mit Orangen- denn Zitrusnoten auf. Es ist elegant feinperlig, während die bittere Seite, sprich das Chinin, nur dezent durchscheint. Der Hersteller empfiehlt, in den Gin Tonic Grapefruit und Preiselbeeren zu geben sowie tendenziell die Kombination mit modernen New Western Style Gins.

FEVER-TREE PREMIUM INDIAN TONIC WATER

Fever-Tree ist die umgangssprachliche Bezeichnung des Chinarindenbaums im östlichen Kongo, von

FENTIMANS TONIC WATER

Thomas Fentiman, eigentlich ein Stahlarbeiter, braute ab 1905 Ingwerbier, das er selbst mit einem Pferdekarren auslieferte. Die von ihm gegründete Firma wurde in den 1960er-Jahren liquidiert und von Fentimans Ururenkel Eldon Robson 1988 neu gegründet. Kaffirlimette, Zitronengras und, wie naheliegend, Wacholderbeeren machen Fentimans Tonic Water zu einem interessanten Begleiter vieler klassischer Gins, allerdings harmonieren seine kräftigen Kräuteraromen nicht mit jedem Gin.

wo das Chinin für dieses „Premium Indian Tonic Water" stammt. Zusammen mit tansanischen Bitterorangen und Quellwasser aus den englischen Midlands ergibt sich ein mild-würziges Tonic, das angenehm „dry" und ausgesprochen edel schmeckt. Fever-Tree empfiehlt, einen Schnitz Limette ins Glas zu geben, wo sich das Tonic Water als äußerst anpassungsfähig an sehr unterschiedliche Gins erweist.

Gin-Porträts

ADLER BERLIN DRY GIN

PREUSSISCHE SPIRITUOSEN MANUFAKTUR
DEUTSCHLAND

Preußens Gloria in Sachen Wacholder, der Adler Berlin Dry Gin, entstammt der traditionsreichen Preußischen Spirituosen Manufaktur. Als Schulungszentrum des deutschen Destillateurnachwuchses wurde sie 1874 in Berlin gegründet und diente zugleich als Versuchsanstalt für die „Adler-Spirituosen". Um 1900 erlebten die Adler-Spirituosen ihre Blütezeit, protegiert vom staatlich gewährten Branntweinmonopol wurden über 80 verschiedene Destillate und Liköre produziert.

Nach den beiden Weltkriegen konnten jedoch die folgenden Betreiber ohne die einstige Monopolstellung nicht mehr an die Glanzzeiten der Vorkriegsjahre anknüpfen. Im Jahr 2005 aber erweckten Mikrobiologe Ulf Stahl und Barmann Gerald Schroff, die einst auf einer Skipiste zusammengeprallt waren und sich dann an der Hotelbar – beim Gin – gut verstanden hatten, die Traditionsmarke

Botanicals*
Koriander, Angelikasamen, Ingwer, Meisterwurz, Baldrianwurzel, Piment, Orangenblüte, Zitronenschale, Hopfendolde, Lavendelblüte, Alantwurzel, Bisamkörner, Bertramwurzel
42 % vol.

* Die Wacholderbeere wird – weil selbstverständlich – nicht eigens genannt.

zu neuem Leben. Neben vielen edlen Tropfen bieten sie auch einen klassischen Gin an, der auf einer Originalrezeptur der Gründerjahre beruht. Eine Vakuumdestillationsapparatur aus dem Jahr 1952 ermöglicht eine besonders schonende Extraktion bei niedrigen Temperaturen. Um den Gin möglichst rund und weich zu gestalten, wird er anschließend in Steingutgefäßen gereift. Sein Wacholderaroma ist sanft und zurückhaltend, er ist sehr bekömmlich und vor allem pur ein stilvoller und zugleich außergewöhnlicher Gin.

AVIATION AMERICAN GIN

HOUSE SPIRITS DISTILLERY · OREGON, USA

Man nehme 6 cl Gin, 2 cl Zitronensaft, 1½ cl Maraschino und ¾ cl Crème de Violette (Veilchenlikör), schüttele die Zutaten mit Eis im Shaker und seihe in gekühlte Cocktailschalen ab – eine Cocktailkirsche obenauf, und fertig ist der Aviation, den der deutschstämmige Hugo Ensslin, Bartender im New Yorker Wallick Hotel am Times

Square, 1916 in seiner Rezeptsammlung „Recipes for Mixed Drinks" als Erster schriftlich festgehalten hat. Ende des 20. Jahrhunderts produ-

zierte niemand mehr Veilchenlikör, und auch der Aviation war in Vergessenheit geraten. Das änderte sich 2004, als David Wondrich, einer der weltweit führenden Experten für die Geschichte des Cocktails und Mitbegründer der modernen Cocktail-Bewegung, auf Ensslins Rezeptsammlung stieß und kurz darauf das Originalrezept veröffentlichte.

2006 benannte die House Spirits Distillery einen New Western Style Gin nach dem ebenso einfachen wie raffinierten Cocktail – und gab damit den unmissverständlichen Wink, dass ihr American Gin vor allem im Mix gut aufgehoben ist. Der Wacholder ist zurückgenommen, der Gesamteindruck von weicher Milde gekennzeichnet. Zitrusaromen und florale Noten bestimmen den hochklassigen Gin. Mit Orange, Lavendel und Kardamom drängen drei altbekannte Botanicals auf neue Art und Weise nach vorne, einen besonderen Touch erhält der Aviation durch die

Stechwinde, auch als Sarsaparille bekannt, eine Kletterpflanze, die rote bis schwarze Beeren trägt.

Zu Anfang wurde der Aviation in einer Weinflasche mit anderem Etikett angeboten, das neue Retrodesign ahmt die Bleche klassischer Flugzeuge aus der Zwischenkriegszeit nach – und erinnert an die vom Veilchenlikör herrührende silbrig-graue Färbung des Cocktails, der bei seiner Taufe Pate stand.

Botanicals
Grüner Kardamom, Lavendel, Stechwinde, Koriander, Anissamen, Orangenschale
42 % vol.

BEEFEATER LONDON DRY GIN

PERNOD RICARD
BEEFEATER DISTILLERY · ENGLAND

Offiziell heißen sie „Yeoman Warders of Her Majesty's Royal Palace and Fortress the Tower of London", die Wächter des weltberühmten Towers an der Themse. Der Volksmund nennt sie kurz, knapp und schalkhaft „Beefeater". Heute fungieren sie nicht mehr als Schutzgarde der Queen, sondern sind vor allem für die Betreuung der Touristenströme zuständig. Dass sie das Rezept des gleichnamigen Gins hüten, ist dagegen ins Reich der Fabel zu verweisen. Die typische rote Tracht der Beefeater ziert jedoch sehr wohl und unübersehbar die viereckige Flasche des populären Gins.

Der klassische London Dry Gin stammt bis heute aus dem inneren Stadtgebiet der englischen Metropole. Der Apotheker James Burrough kaufte 1862 eine Destillerie in Chelsea und entwickelte in den folgenden Jahren den Beefeater London Dry Gin, der schnell sehr erfolgreich wurde. 1908 zog die expandierende Destillerie nach Lambeth um, 1958 nach Kennington, wo er noch heute destilliert wird. Er schmeckt angenehm mild und aufgrund der ausgeprägten Süßholznote leicht süßlich.

Für den Beefeater werden die Botanicals 24 Stunden eingelegt, was zu seiner öligen Konsistenz führt. Der aktuell verantwortliche Brennmeister Desmond Payne entwickelte aus dem klassischen Rezept einen weiteren London Dry Gin, den Beefeater 24, in dem zusätzlich zu den Botanicals des Standard-Beefeaters auch japanischer und chinesischer Tee verwendet werden.

Botanicals

Angelikawurzel und -samen, Koriandersamen, Süßholz, Mandeln, Veilchenwurz, Orangen- und Zitronenschale

47 % vol.

BERKELEY SQUARE LONDON DRY GIN

QUINTESSENTIAL BRANDS
G&J DISTILLERS · ENGLAND

Der Berkeley Square ist nach dem gleichnamigen Platz im noblen Londoner Stadtteil Mayfair in der City of Westminster benannt – ein klug gewählter Name, soll doch auch der Premium-Gin schon durch sein äußeres Erscheinungsbild Noblesse, Stil und Exklusivität ausstrahlen.

Vom Flaschendesign bis zur geschmacklichen Ausrichtung ist der von der renommierten Traditionsbrennerei G&J Distillers in Warrington im Nordwesten Englands hergestellte Gin das „maskuline" Pendant zum „femininen" Bloom aus demselben Haus – dabei ist auch er wie der Bloom von weiblicher Hand erschaffen, nämlich von Meisterdestillateurin Joanne Moore kreiert. Für den außergewöhnlich komplexen London Dry Gin werden Wacholder und vier weitere Zutaten wie gewohnt mazeriert, während Salbei, Basilikum und Lavendelblüten in Musselin eingepackt etwas später im Stile eines „Bouquet garni" hinzugefügt werden. Destilliert wird der Gin in der kleinen, 220 Liter fassenden Kupferdestille Nummer 8, die auch auf den Namen „Baby" hört, wobei die aufsteigenden Alkoholdämpfe die Aromen im sogenannten „Schwanenhals" extrahieren. Der Berkeley Square besticht durch kräftige und erdige Kräuteraromen und klingt mit der Frische von Zitrusfrüchten und Pfefferminze aus.

Botanicals
Koriandersamen, Angelikawurzel, Kubebenpfeffer, Kaffirlimettenblätter, Salbei, Basilikum, Lavendelblüten
40 % vol.

BLACKWOOD'S VINTAGE DRY GIN

DISTIL · ENGLAND

Von den klimatisch rauen, botanisch kargen Shetlandinseln, rund 210 Kilometer nordöstlich des schottischen Festlandes, stammen die regionalen Zutaten eines interessanten „Jahrgangsgins". Bei der Jahresangabe handelt es sich keineswegs um eine Spielerei, vielmehr kann die Zusammensetzung der von Hand gesammelten shetländischen Kräuter von Jahr zu Jahr variieren. Der seit 2002 gehegte Plan, auf den Shetlands die nördlichste Destillerie Schottlands zu eröffnen, wurde bis dato nicht realisiert, und so werden im kurzen Inselsommer zwar die Kräuter gesammelt, der Blackwood's jedoch auf schottischem Festland gebrannt.

Es sind vor allem drei botanische Bewohner der Shetlands, die dem Blackwood's einen eigenen Touch verleihen: Grasnelken wachsen auf den umbrandeten Klippen und unterstreichen den Geschmack von

Botanicals
International: Koriandersamen, Zitronenschale, Zimt, Süßholz, Muskatnuss
Regional: Angelikawurzel, Grasnelke, Sumpfdotterblume, Mädesüß
40 % vol.

Wacholderbeeren und Engelwurz. Die leuchtend gelbe Sumpfdotterblume hellt nicht nur trübe Inseltage auf, sondern hat auch subtile Zitrusaromen zu bieten. Das Echte Mädesüß schließlich, das an den tiefblauen Seen und auf den Feuchtwiesen der Insel gedeiht, duftet nach Honig und hat eine gewisse Würze in petto.

Blackwood's ist herb und erfrischend, von Kräuter- und Zitronenaromen geprägt. Die „Superior Limited Edition" wartet mit 60 % vol. auf – schließlich liegen die Shetlands auf 60 Grad nördlicher Breite.

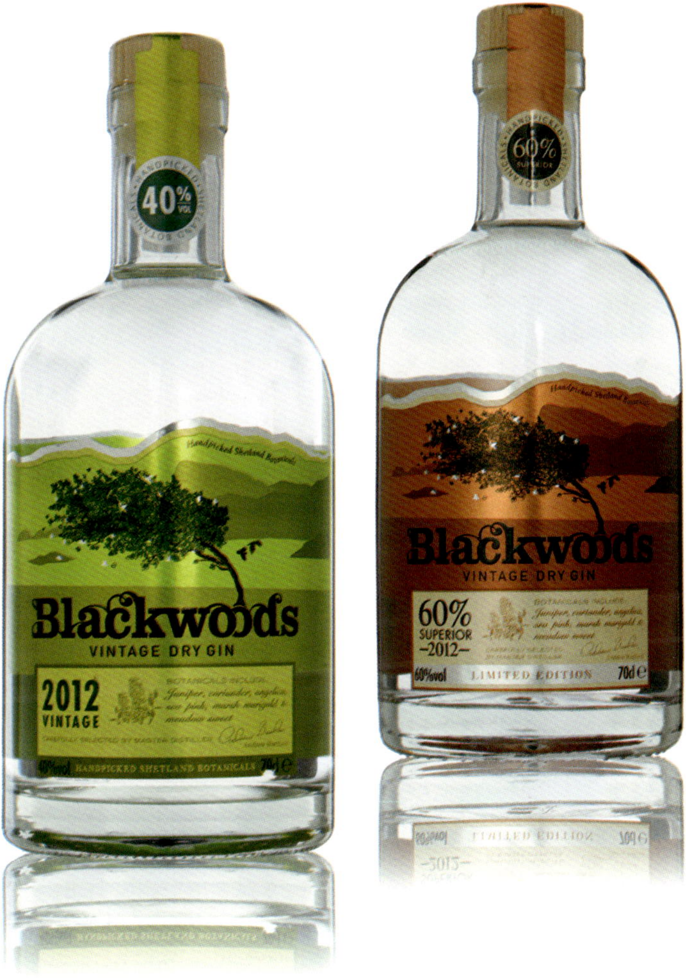
40% VOL
Handpicked Shetland Botanicals
Blackwoods
VINTAGE DRY GIN
2012
VINTAGE
HANDPICKED SHETLAND BOTANICALS
60%
SUPERIOR
Handpicked Shetland Botanicals
Blackwoods
VINTAGE DRY GIN
60%
SUPERIOR
-2012-
60%vol
LIMITED EDITION
70cl

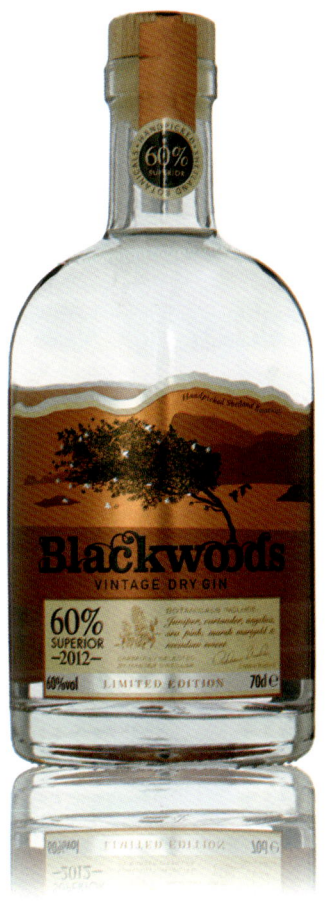

BLOOM PREMIUM LONDON DRY GIN

QUINTESSENTIAL BRANDS
G&J DISTILLERS · ENGLAND

Der Bloom stammt aus einer der ältesten englischen Traditionsschmieden in Sachen Gin, G&J Greenall, die auf eine 1760 von Thomas Dakin in Warrington am Mersey – auf halbem Weg zwischen Liverpool und Manchester gelegen – gegründete Destillerie zurückgeht.

Und obwohl die Destillerie an der Merseyside schon einige Jährchen auf dem Buckel hat, zeigt man sich dort alles andere als verknöchert. Mit Joanne Moore hat nämlich eine der ganz wenigen Meisterdestillateurinnen das Sagen in Sachen Bloom. Und in der Tat unterscheidet sich dieser „feminine" Gin von der überwiegenden Mehrheit der „maskulinen" Vertreter. Der dezente Wacholder tritt zurück, ohne ganz zu verschwinden – obwohl der Bloom sich London Dry Gin nennt, ist er im Grunde seines Herzens eine moderne New-Western-Kreation.

Botanicals
Angelikawurzel, Koriandersamen, Kubebenpfeffer, Geißblatt, Kamille, Pomelo
40 % vol.

Der viktorianisch anmutenden Flasche entströmt ein blumiges Bouquet. Geißblatt, Kamille und Pomelo geben dem Bloom eine einzigartige florale Textur, einen lieblichen Anflug von Süße sowie eine markante Zitrusnote. Er ist, mit anderen Worten, leicht wie eine Landpartie im Frühling durch mittelenglische Dorfgärten und Erdbeerfelder. Wie der überaus erfolgreiche Hendrick's Gin schmeckt auch der Bloom in Verbindung mit Tonic vielleicht noch ein wenig besser, wenn man ein paar Gurkenschnitze ins Glas gibt.

BLUE GIN

HANS REISETBAUER QUALITÄTSBRAND · ÖSTERREICH

Seit 1956 befindet sich das Kirchdorfergut im oberösterreichischen Axberg, nur wenige Kilometer südwestlich von Linz, im Besitz der Familie Reisetbauer. Umgeben von Apfel- und Birnenbäumen werden dort seit 1994 in einer nach den Vorstellungen von Unternehmensführer Hans Reisetbauer konstruierten Brennerei mit traditionellen Methoden hochklassige Obstbrände hergestellt. Mit seinen edlen Qualitätsbränden machte sich Reisetbauer schnell einen Namen und heimste zahlreiche Preise ein. Im Jahr 2006 kreierte er dann zusammen mit Markus Schenkenfelder den ersten österreichischen Gin.

„Premium Austrian Quality", „Vintage Distilled Dry Gin", „Small Batch" – Reisetbauers Blue Gin kann es spielend mit den einschlägigen englischen Premium-Gins aufnehmen. Von der Destillation der heimischen Weizensorte „Mulan" über die Mazeration der zahlreichen ausgesuchten Botanicals aus aller Welt bis hin zur Anreicherung mit Quellwasser von einer Mühlviertler Alm ist Qualität das oberste Gebot des Austrian Dry Gins.

Botanicals
27 Botanicals aus zehn Ländern, darunter Zitronenschale, Angelikawurzel, Koriandersamen, Kurkuma und Süßholz
43 % vol.

Der Blue ist klar und fein im Geschmack. Ein frisches, elegantes Wacholderaroma, begleitet von Anistönen, Beerennoten und einer schönen Zitrusfrische, beherrscht das Geschmacksbild dieses klassischen Gins. Er ist ein Kind des Frühlings, denn er wird jährlich nur einmal, zwischen Februar und Mai, in kleiner Auflage gebrannt – wer zu spät kommt, den bestraft das Leben.

BLUECOAT
AMERICAN DRY GIN

PHILADELPHIA DISTILLING · PENNSYLVANIA, USA

Die „Blauröcke" des Nordens, die im Amerikanischen Bürgerkrieg gegen die „Grauhemden" des Südens kämpften, erfochten zwischen 1861 und 1865 die Abschaffung der Sklaverei in den Vereinigten Staaten, durch die freilich die Rassendiskriminierung noch lange nicht an ihr Ende gekommen war. Aber immerhin, die Baumwollplantagen des Südens mussten sich von nun an um bezahlte Arbeitskräfte kümmern. Die Uniform der „Yankees" hat dem Bluecoat American Dry Gin sowohl den Namen gegeben als auch die Farbe verliehen. Eine naheliegende Wahl, denn die Schlacht von Gettysburg im Juli 1863, die dem Sezessionskrieg die entscheidende Wende gab, fand auf pennsylvanischem Boden statt.

Aus der Philadelphia Distillery kommt ein delikater American Dry Gin, der um seine genaue Zusammensetzung ein gut gehütetes Geheimnis macht, wobei sowohl die bekannten als auch die unter Verschluss gehaltenen Aromageber aus Bio-Anbau stammen. Die traditionelle Destillation im Kupferkessel lässt sich viel Zeit, um die Aromen schonend zu verarbeiten. Der Bluecoat wartet mit der vollmundigen Süße von Orangen auf, in die sich Süßholz- und Pfefferminztöne mischen. Der anspruchsvolle „Blaurock" konnte bei Verkostungen und Preisverleihungen immer wieder die Gunst der Connaisseurs gewinnen.

Botanicals
Koriandersamen, Angelikawurzel, Zitronen-, Orangen- und Limettenschale sowie weitere Botanicals
47 % vol.

BOË SUPERIOR GIN

VC2 BRANDS · SCHOTTLAND

Immer wieder taucht in historischen Darstellungen zur Entwicklung der Destillation, des Genevers und des Gins der Name Franz de le Boë oder – lateinisch – Franciscus Sylvius auf. Er wurde 1614 im hessischen Hanau geboren und war von 1658 bis zu seinem Tod 1672 an der berühmten Universität Leiden als Professor tätig. Oft ist zu lesen, eben jener Mediziner und Chemiker habe um 1650 den Genever erfunden. Als de le Boë das Licht der Welt erblickte, war Genever jedoch längst eine weitverbreitete Spirituose. Gelegentlich findet sich auch die Behauptung, er habe immerhin den Begriff Genever geprägt. Dem steht jedoch entgegen, dass dieser Name bereits 1588 in einem Buch von Caspar Coolhaes auftaucht, der ab 1574 Theologieprofessor in Leiden war. Zur allgemeinen Konfusion trägt bei, dass es auch einen Chemiker und Alchimisten Sylvius de Bouve gegeben haben soll, der angeblich im 16. Jahrhundert gelebt und ebenfalls in Leiden gelehrt hat. Auch ihm

wird unterstellt, den Genever zum Leben erweckt zu haben. Allerdings gibt es nicht den geringsten Beweis, dass eine Person dieses Namens je existiert hat.

Auch der schottische Boë Superior Gin beruft sich auf die Legende, nach der Franz de le Boë der Schöpfer des Genevers sei, und setzt dem vermeintlichen Vater des Gins ein wohlschmeckendes Denkmal. Der Boë wurde einst in der Deanston Distillery von Doune, einem malerischen Dorf in der schottischen Grafschaft Stirling, aus der Taufe gehoben. Der Markeneigner VC2 Brands verlagerte die Produktion später weg von der Whiskybrennerei, ohne allerdings Ort oder Namen der neuen Destillerie preiszugeben. Nach wie vor wird der sehr komplexe Gin in einer Carter-Head-Destillationsanlage mittels Dampfinfusion gebrannt, wodurch die Aromen der Kräuter, Rinden und Gewürze besonders schonend mit dem Getreidealkohol „vermählt" werden. Der Boë überzeugt mit seinem reinen und würzigen Geschmack, ist sowohl pur ein Erlebnis als auch eine ausgezeichnete Grundlage für einen erfrischenden Gin Tonic und exotischere Drinks.

Botanicals
Koriander, Angelikawurzel, Veilchenwurz, Ingwer, Zimtkassie, Paradieskörner, Orangen- und Zitronenschale, Kardamom, Süßholz, Mandeln, Kubebenpfeffer
41,5 % vol.

BOMBAY SAPPHIRE LONDON DRY GIN

BACARDI · BOMBAY SAPPHIRE DISTILLERY · ENGLAND

1760 eröffnete Thomas Dakin im nordenglischen Warrington seine Destillerie, die ein Jahrhundert später von Greenall's Brauerei übernommen wurde. 1959 ließ der New Yorker Spirituosenimporteur Allan Subin einen typisch englischen Gin für den US-Markt herstellen, der auf dem Rezept von Thomas Dakin basierte und „The Original Bombay Dry Gin" getauft wurde. Sein einfaches Design – eine klare, kantige Flasche mit weißem Etikett und einem Abbild der Queen Victoria als Schutzpatronin darauf – korrespondiert bis heute perfekt mit dem Inhalt, einem geschmacklich unkomplizierten London Dry Gin.

2014 wurde die Bombay-Sapphire-Destillerie „Laverstock Mill" in der Grafschaft Hampshire eröffnet, für die eine berühmte historische Papiermühle aufwendig umgestaltet wurde. Highlight des Anwesens sind die beiden miteinander verbundenen Gewächshäuser, die von dem renommierten Londoner Designer Thomas Heatherwick und seinem Team entworfen wurden. In ihnen erfahren Besucher alles über die zehn exotischen Botanicals, die den aromareichen Geschmack des Premium-Gins kreieren.

In den 1980er Jahren, inmitten der großen Krise des Gins, entwarf Bombay Spirits einen neuen Gin, der den Zeitgeist einfangen und verloren gegangene Marktanteile zurückerobern sollte. 1987 wurde der Bombay Sapphire eingeführt: Mit der stilvollen blauen Flasche, die etwas Geheimnisvolles signalisierte und zugleich den Nerv des neonfarbenen Jahrzehnts traf, gelang der Coup.

Der Bombay Sapphire wird in einer Carter-Head-Destillationsanlage produziert, in der die Botanicals – separat in einem perforierten Kupferkorb aufbewahrt – im aufsteigenden Alkoholdampf ihr Aroma abgeben. Sein vollmundig-reicher Geschmack, der in der Tat sofort Bilder des kolonialen Indiens auf die Zunge zaubert, ist zugleich weich und würzig, zunächst ein wenig süßlich, später durchaus pfeffrig. Zwar ist der Bombay Sapphire ein London Dry Gin, allerdings ist er zugleich der Pionier der Modernisierung des Gins, denn die klassische Alleinregentschaft des Wacholders bekommt bei ihm erste Kratzer.

Botanicals

Koriandersamen, Angelikawurzel, Süßholz, Veilchenwurz, Zimtkassie, Mandeln, Zitronenschale, Kubebenpfeffer, Paradieskörner

40 % vol.

BOODLES BRITISH LONDON DRY GIN

PROXIMO SPIRITS · G&J DISTILLERS · ENGLAND

Nur wenige Meter entfernt von Berry Bros. & Rudd, die den No. 3 London Dry Gin entwickelt haben, ist der exklusive Boodle's Gentlemen's Club beheimatet, der 1762 von William Petty, 2. Earl of Shelburne, gegründet wurde. Der erste Chefkellner, Edward Boodle, bediente einst nicht nur Aristokraten und Politiker, sondern auch die Philosophen David Hume und Adam Smith. Später ging Winston Churchill ein und aus, dessen Lieblings-Gin der Boodles (neben dem Plymouth) gewesen sein soll. Auch James-Bond-Schöpfer Ian Fleming gehörte zu den Boodle's Gentlemen: So stand der Club auch Pate für den fiktionalen „Blades Club", in dem der berühmte britische Geheimagent gelegentlich seinen Martini trinkt – selbstverständlich geschüttelt, nicht gerührt.

Boodles British Gin wurde erstmals 1845 von Cock Russell & Company aufgelegt. 2012 – rechtzeitig zum

Botanicals
Koriandersamen, Angelikawurzel und -samen, Zimtkassie, Kümmel, Muskatnuss, Salbei, Rosmarin
40 % vol. / 45,2 % vol.

250. Jahrestag des Boodle's – erwarb Proximo Spirits aus New Jersey die Marke und führte den Boodles, nachdem er zwischenzeitlich vom englischen Markt verschwunden war, 2013 wieder ein. Der klassische London Dry Gin wird in Greenall's Destillerie in Warrington in Carter-Head-Still-Anlagen gebrannt, die es ermöglichen, die Aromen der Botanicals besonders sanft hinzuzugeben. Wacholder dominiert den Boodles, der würzig und weich zugleich ist, fein abgestimmt und für klassische Drinks ebenso geeignet wie für den Genuss pur. Auf der britischen Insel enthält er 40,0 % vol., im Export 45,2 % vol.

BOOTH'S LONDON DRY GIN

DIAGEO · PLAINFIELD DISTILLERY · ILLINOIS, USA

In kaum einem Gin steckt so viel Geschichte wie in Booth's. 1569 eröffnete die Familie Booth im Nordosten Englands einen Weinhandel. Ab 1740 versuchte sich John Booth in der Kunst der Destillation, und wahrscheinlich gehörte schon damals ein Gin zu den Produkten des Hauses. 1830 entstand die Red Lion Distillery, benannt nach der Red Lion Road im Londoner Stadtteil Clerkenwell, und in der Folge wurde Booth eine der bekanntesten und erfolgreichsten Gin-Marken überhaupt.

1915 wurde Booth Hauslieferant des House of Lords, des Oberhauses des britischen Parlaments, später auch des Königshauses, als Queen Mum Gefallen an Booth's Gin fand. In der Nachkriegszeit geriet das Familienunternehmen jedoch in Schwierigkeiten, wurde Ende der 1970er-Jahre verkauft und verschwand in der Versenkung. Der legendäre, in Sherry-Fässern gelagerte „Booth's High & Dry Gin" wird heute für astronomische Summen versteigert.

Heute befindet sich die Marke im Besitz des Spirituosenkonzerns Diageo, der den Booth's in Plainfield, Illinois, brennt. Er zeigt sich seiner Wurzeln bewusst und ist ein traditionalistischer Gin mit deutlichem Wacholderaroma, das von Zitrus- und Süßholznoten begleitet wird.

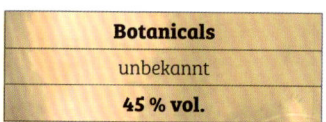

Botanicals
unbekannt
45 % vol.

BRECON
SPECIAL RESERVE GIN

THE WELSH WHISKY COMPANY
PENDERYN DISTILLERY · WALES

Am Rande des Parc Cenedlaethol Bannau Brycheiniog, wie der Brecon Beacons National Park walisisch heißt, liegt die Penderyn Distillery. Inmitten der erhabenen Naturlandschaft mit ihren schroffen Bergen, urzeitlichen Mooren, kristallklaren Flüssen und ungestümen Wasserfällen wird dort seit 2004 der erste „Wysgi", wie die Einheimischen den Single Malt Welsh Whisky der Einfachheit halber nennen, gebrannt, seit 1894 die letzte walisische Destillerie in Frongoch ihre Tore schließen musste.

Seit 2007 stellt die Welsh Whisky Company auch Wodka und Gin her. Gebrannt werden die Spirituosen in einer leistungsstarken Kupferdestille, die von David Faraday konstruiert wurde, einem Nachfahren des bedeutenden englischen Physikers Michael Faraday, der das Phänomen der elektromagnetischen Induktion entdeckte und nach dem der Faradaysche

Käfig benannt ist. Mit einem einzigen Brennvorgang stellt sie ein Destillat von 92 % vol. her. Ausschließlich mit klassischen Botanicals aromatisiert, wird der Brecon mit reinstem Wasser aus dem hauseigenen Brunnen auf 40 % vol. reduziert.

Der Brecon ist ein klassischer Gin mit viel Wacholder in der Nase und auf der Zunge, der von der Frische von Zitrusfrüchten und den feinherben Noten der Süßholzwurzel flankiert wird. Nichts spräche dagegen, ihn mit dem Zusatz London Dry Gin zu versehen – aber das ginge den stolzen Walisern wohlmöglich gegen den Strich.

Botanicals
Koriandersamen, Orangen- und Zitronenschale, Zimt, Zimtkassie, Süßholz, Angelikawurzel, Veilchenwurz, Muskatnuss
40 % vol.

93

BROCKMANS PREMIUM GIN

BROCKMANS GIN · G&J DISTILLERS · ENGLAND

Aus der Gin-Schmiede Greenall stammt der Brockmans Premium Gin, der die Grenzen des Begriffs Gin modern infrage stellt. Der eine oder andere Purist, der die reine Lehre des London Dry Gins predigt, wird über diesen New Western Gin die Nase rümpfen. Experimentierfreudige Connaisseurs werden an diesem urbanen, stilvollen Wacholdergewächs dagegen ihre Freude haben.

Die Vorgabe bei der Entwicklung des Brockmans war klar und eindeutig: Man wollte dem Gin-Universum nicht bloß einen weiteren hochklassigen Gin hinzufügen, sondern eine Spirituose kreieren, die sich deutlich von allem bisher Dagewesenen unterscheidet. Und es sollte zweitens ein Gin aus der Taufe gehoben werden, der sich insbesondere für den Genuss pur oder auf Eis anbietet.

Botanicals
Heidelbeeren, Brombeeren, Zimtkassie, Süßholz, Zitronen- und Orangenschale, Koriandersamen, Angelikawurzel, Mandeln, Veilchenwurz
40 % vol.

Man wählte dafür eine Reihe traditioneller Botanicals aus, die durch zwei sehr außergewöhnliche Vertreter ergänzt werden. Unter den Klassikern spielt neben dem durchaus präsenten Wacholder der stets durchschmeckende Koriander die Hauptrolle. Sein besonderes Flair bekommt der Brockmans durch die Infusion mit einer Essenz aus Heidelbeeren und Brombeeren. Intensiv und weich zugleich, dominieren fruchtig-süße Noten, die ihn deutlich von anderen Gins unterscheiden.

BROKER'S PREMIUM LONDON DRY GIN

BROKER'S GIN · LANGLEY DISTILLERY · ENGLAND

1998 riefen die Brüder Martin und Andy Dawson den Broker's ins Leben. Sie stellen keine Experimente an, keine Verrücktheiten, mazerieren keine abwegigen Botanicals, brennen im traditionellen Pot-Still-Verfahren – aber sie machen irgendetwas ziemlich gut, denn ihr Gin für jeden Geldbeutel ist in den letzten Jahren mit höchsten und allerhöchsten Auszeichnungen nur so überhäuft worden.

Der Broker's wird im Herzen Englands in einer 200 Jahre alten Destillerie in der Nähe von Birmingham gebrannt, deren Mauern früher eine Brauerei beherbergten. Hier stehen eine Reihe altehrwürdiger Kupferdestillen, darunter die um 1917 gefertigte „Constance": In ihr werden zehn allesamt konventionelle Botanicals aus aller Welt – von Mazedonien bis Indonesien – nach der 24-stündigen Mazeration gebrannt.

Das Ergebnis ist ein klassischer London Dry Gin von reichem, vollem, komplexem Aroma – eine Geschmacksexplosion mit reichlich Wacholder, dazu viel Zitrone und noch mehr Koriander.

Very british, typisch englisch macht ihn ein Broker, wie er im Buche steht, auf dem Etikett. Eine Melone, wie sie einst von den Hutmachern Thomas und William Bowler zuerst hergestellt wurde, dient als Maskottchen und Verschluss, den man gern abnimmt, weil in der Flasche ein klassischer Gin wartet, der das Prädikat „Premium" wahrhaftig verdient hat.

Botanicals
Koriandersamen, Angelikawurzel, Veilchenwurz, Muskatnuss, Zimt, Zimtkassie, Süßholz, Orangen- und Zitronenschale
40 % vol. / 47 % vol.

CADENHEAD'S OLD RAJ DRY GIN

WILLIAM CADENHEAD · SCHOTTLAND

Keine Destillerie, sondern Schottlands ältesten unabhängigen Abfüllbetrieb gründete Mister George Duncan, Wein- und Spirituosenhändler, 1842 in Aberdeen. Sein Schwager William Cadenhead stieg gut zehn Jahre später in das prosperierende Geschäft ein und übernahm 1858, nachdem Duncan verstarb, das Ruder. Cadenhead führte den Betrieb nicht nur in eine Ära des Erfolgs, sondern erlangte auch als Dichter und engagierter Bürger lokale Berühmtheit. Im 20. Jahrhundert geriet Cadenhead immer wieder in Schwierigkeiten und wurde schließlich 1972 von Christie's veräußert.

J. & A. Mitchell & Company, Eigentümer der berühmten, 1828 gegründeten Springbank Distillery mit Sitz in Campbeltown auf der Halbinsel Kintyre, übernahmen das insolvente Traditionsunternehmen und brachten umgehend Cadenhead's Old Raj Dry Gin auf den Markt. Und zwar in zwei Trinkstärken: einmal mit rotem Schriftzug und 46 % vol., einmal mit blauer Schrift und furchterregenden 55 % vol.

Basierend auf einschlägigen Botanicals, die 36 Stunden mazeriert werden, entsteht ein klassischer, exquisiter Gin. Er wird nach der Destillation mit Safran infundiert, mit mehreren Folgen: Der Old Raj nimmt erstens eine blassgelbe Färbung an, wird zweitens geschmacklich äußerst harmonisch und darf sich drittens nicht mehr London Dry Gin nennen – aber darauf können echte Schottenröcke bekanntlich getrost verzichten ...

Botanicals
Koriandersamen, Angelikawurzel, Veilchenwurz, Zimtkassie, Muskatnuss, Safran, Zitronen- und Orangenschale
46 % vol. / 55 % vol.

CAORUNN SCOTTISH GIN

INTERNATIONAL BEVERAGE
BALMENACH DISTILLERY · SCHOTTLAND

Die Balmenach Distillery an der Speyside – mit etwa 50 Destillerien die zentrale Whisky-Region Schottlands, wo unter anderem die weltberühmte Glenfiddich Distillery ansässig ist – öffnete bereits 1824 ihre Tore. Gründer James MacGregor und seine Nachfolger brannten dort traditionell Whisky. Seit 2008 wird hier auch ein hochklassiger Gin abgefüllt, der sich in Windeseile einen hervorragenden Ruf erarbeitet hat.

Caorunn, ausgesprochen Ka-roon, ist das gälische Wort für Rowan Berry, die Vogelbeere, die diesem Gin ihre Seele verleiht. Ebenfalls Hauptrollen spielen vier weitere regionale Botanicals: eine alte Apfelsorte, der Coul Blush, des Weiteren das Heidekraut Erika, die Sumpfmyrte, auch bekannt als Gagelstrauch, sowie Löwenzahn.

Der Caorunn nennt sich selbst stolz Scottish Gin, erfüllt aber alle Anforderungen eines London Dry Gins. Sowohl in der Nase als auch auf der Zunge ist er sehr weich, dabei absolut klar und schnörkellos. Der Wacholder steht im Vordergrund, der ausgesprochen trockene Geschmack macht den Caorunn zu einem edlen Vertreter der klassischen Gins.

Botanicals

Koriandersamen, Angelikawurzel, Zimtkassie, Vogelbeere, Löwenzahn, Erika, Sumpfmyrte, Zitronen- und Orangenschale, Coul-Blush-Apfel

41,8 % vol.

CITADELLE GIN

COGNAC PIERRE FERRAND · FRANKREICH

Im Jahr 1775 eröffneten zwei Messieurs namens Carpeau und Stival eine Destillerie in der Zitadelle von Dünkirchen an der französischen Nordseeküste, unweit der Grenze zu Belgien. König Ludwig XVI. stattete sie großzügig mit einem auf 20 Jahre geltenden Hoflieferantenvertrag aus. Am 10. April 1784 soll sich bei der Festung Unerhörtes zugetragen haben: Englische Schmuggler wurden mit erheblichen Mengen Citadelle Gin aufgebracht, und später stellte sich heraus, dass französischer Gin über Jahre systematisch auf die Britische Insel geschleust worden war.

Das Bild von englischen Schmugglern, die nicht Eulen nach Athen, sondern französischen Gin nach London bringen, hat Alexandre Gabriel und Jean-Dominique Andreu von Cognac Pierre Ferrand sicherlich gut gefallen. Sie benannten ihren Gin, der seit 1998 jedoch im Südwesten Frankreichs, auf der

Botanicals
Koriandersamen, Kardamom, Süßholz, Angelikawurzel, Kubebenpfeffer, Paradieskörner, Bohnenkraut, Fenchel, Sternanis, Kreuzkümmel, Veilchen, Veilchenwurz, Zimt, Zimtkassie, Mandeln, Muskatnuss, Zitronen- und Orangenschale
44 % vol.

Domaine Logis d'Angeac im Herzen der Grande Champagne, gefertigt wird, nach der alten, längst vergessenen Destillerie.

Wacholder und 18 weitere Botanicals stecken im Citadelle, der nach dem Vorbild des Dünkirchener Gins aus dem späten 18. Jahrhundert gebrannt wird. Aus der Vielzahl der Aromaspender resultiert jedoch kein kräftiger, sondern ein vornehm zurückhaltender Gin, der mit einem komplexen Geschmacksbild beeindruckt und mit seinen floralen Noten betört.

CLOUDS GIN

HUMBEL SPEZIALITÄTENBRENNEREI · SCHWEIZ

Im Jahr 1918 beschloss der Aargauer Landwirt Max Humbel, mit einer Brennerei ein zweites Standbein aufzubauen. Sein erstes Produkt, der Kirschbrand „Bure Kirsch", wird bis heute mit dem Etikett des Gründungsjahrs erfolgreich verkauft. Seither sind die Humbels „Kirschbrenner aus Leidenschaft", haben sich nach und nach jedoch auch zahlreichen anderen Spirituosen verschrieben.

Die Spezialitätenbrennerei im schweizerischen Stetten, auf halber Strecke zwischen Aarau und Zürich, hat längst auch den Gin entdeckt. Zunächst brachte Lorenz Humbel den würzig-harzigen „White Socks Gin" auf den Markt, selbstironisch benannt nach dem schweizweit beliebten Vorurteil, alle Aargauer würden stets weiße Socken tragen.

Der zweite Gin aus dem Hause Humbel entstand in Kooperation mit Bar-Manager Andreas Kloke, der 2011 nach Zürich kam und die Verantwortung im „Clouds", der Bar des Prime Towers, des höchsten Gebäudes der Stadt, übernahm. Im 35. Stock, über den Wolken, wird die Hausspirituose mit Fever-Tree Tonic, Salbeiblatt und Cocktailkirsche serviert, spektakulärer Panoramablick inbegriffen. Im Clouds Gin, dessen Flaschendesign dem Prime Tower nachempfunden ist, verbinden sich Zitrusaromen mit der Kräuterwürze von Salbei und Thymian – der besondere Clou ist freilich die Verwendung der Humbel'schen Kirschen, die dem Clouds eine ebenso feine wie besondere Note verleihen.

Botanicals
Koriander, Thymian, Salbei, Zitronen- und Orangenschale, Kirschen
42 % vol.

CORSAIR GIN-HEAD STYLE AMERICAN GIN

CORSAIR ARTISAN DISTILLERY · KENTUCKY, USA

In einer Garage begannen die Schulfreunde Darek Bell und Andrew Webber einst, Bier zu brauen und Wein zu keltern. Irgendwann war ihnen das nicht mehr genug, und sie setzten fortan auch Hochprozentiges an. 2008 gründeten sie schließlich die Corsair Artisan Distillery, die binnen kürzester Zeit zu einer unglaublichen Erfolgsgeschichte wurde. Insbesondere die Whiskeys und Gins der jungen Wilden mit der Punk-Attitüde haben in den letzten Jahren viele Preise eingeheimst und sich einen Namen gemacht.

Während die Whiskeys in Nashville, Tennessee, gebrannt werden, steht die Gin-Brennerei einen Bundesstaat und circa 50 Kilometer weiter nördlich in Bowling Green, Kentucky. Der handgehämmerte Kupferkessel stammt aus dem Jahr 1920 und ist damit deutlich älter als Corsair. Die Botanicals werden in einen

Botanicals
Koriandersamen, Angelikawurzel, Veilchenwurz, Zitronen- und Orangenschale und weitere, geheime Zutaten
44 % vol.

Korb gegeben und die ätherischen Öle und Geschmacksstoffe im aufsteigenden Dampf extrahiert, um ein besonders weiches Ergebnis zu erzielen. Der präsente Wacholder wird von reichlich erfrischender Zitrone begleitet. Thymian und andere Kräuternoten sowie eine Spur Pfeffer machen den Corsair rund.

Neben diesem klassischen American Gin stellt Corsair auch einen fassgereiften Gin her, der goldgelb ist, mit Nussaromen aufwartet und Rum- und Whiskey-Trinkern gefallen dürfte, den „Corsair Experimental Collection Barrel Aged Gin".

DAMRAK AMSTERDAM ORIGINAL GIN

LUCAS BOLS · NIEDERLANDE

Im Jahr 1575 gründete die Familie Bols an der Rozengracht in Amsterdam die Destillerie „'t Lootsje" – „Der kleine Schuppen". Lucas Bols, 1652 geboren, führte sie zu erstem Ruhm und verlieh ihr seinen Namen. Heute ist Bols nicht nur eines der ältesten Unternehmen Europas, sondern definitiv auch einer der größten „Schuppen" in Sachen Spirituosen weltweit.

Im 17. Jahrhundert importierte die Niederländische Ostindien-Kompanie, deren Aktionär Lucas Bols war, Textilien, Tee und Gewürze aus aller Welt nach Holland. Hauptumschlagsplatz war der Amsterdamer Hafen Damrak, wo Bols in unmittelbarer Nähe seine Liköre und Brände brannte. Längst gibt es den Hafen nicht mehr, und Bols produziert seit 1997 in Zoetermeer zwischen Utrecht und Den Haag.

Botanicals
17 Botanicals, darunter Koriandersamen, Anissamen, Süßholz, Zimt, Orangen- und Zitronenschale, Malz, Geißblatt
41,8 % vol.

Der Damrak Amsterdam Original Gin, der an den einstigen Hafen erinnert, ist weit davon entfernt, ein London Dry Gin zu sein. Für ihn werden fünf separate Destillate angesetzt, die danach vermählt werden. Um die Botanicals wird in Holland traditionell viel Geheimniskrämerei betrieben, fest steht jedoch, dass der Wacholder sehr dezent und weich ausgeprägt ist. Ausgesprochen deutlich sind die Zitrusnoten, vor allem Orange, die von würzigen Aromen begleitet werden, zudem ist ein samtig-zimtiger Nachhall unverkennbar.

DODD'S GIN

THE LONDON DISTILLERY COMPANY · ENGLAND

Ralph Dodd (circa 1756–1822) war ein englischer Ingenieur, der Tunnel, Kanäle, Brücken und Häfen entwarf. Sein kühnstes, freilich damals noch nicht realisiertes Projekt war ein Tunnel unterhalb der Themse. Und noch ein weiterer seiner Pläne ging nicht auf: 1807 gründete er „The London Distillery Company", um typisch britische Spirituosen herzustellen, ein Jahr darauf musste er seine Ambitionen allerdings wieder verwerfen, als er angeklagt wurde, gegen den Bubble Act von 1720 verstoßen zu haben, und den Prozess verlor – eine ziemlich komplizierte Geschichte, die definitiv auf einem anderen Blatt steht ...

2012 machte Nick Taylor Dodd's Traum doch noch wahr. Er gründete „The London Distillery Company" neu und brannte als Erster seit Ewigkeiten wieder Whisky mitten in London. Und eben auch einen Gin von höchster Qualität.

Es brennt noch Licht in der Brennerei: In Battersea, im Südwesten Londons, befindet sich die London Distillery Company, die den großartigen Dodd's Gin herstellt.

Obwohl Dodd's geografisch und geschmacklich ein waschechter London Dry Gin ist, darf und will er sich nicht so nennen. Denn die Botanicals werden für ihn aufgeteilt, und es finden zwei parallele Prozesse der Mazeration und Destillation statt: einmal in der 140-Liter-Kupferdestille „Christina", einmal in einem Rotationsverdampfer namens „Little Albion". Danach werden die beiden Destillate „vermählt" und verbringen ihre Flitterwochen sehr beschaulich, um in Ruhe zu reifen. Das Ergebnis ist ein kräuterbetonter und zugleich klassischer Gin von erlesener Güte.

Botanicals
Angelikawurzel, Limettenschale, Lorbeer, Himbeerblätter, Grüner und Schwarzer Kardamom, Honig und weitere
49,9 % vol.

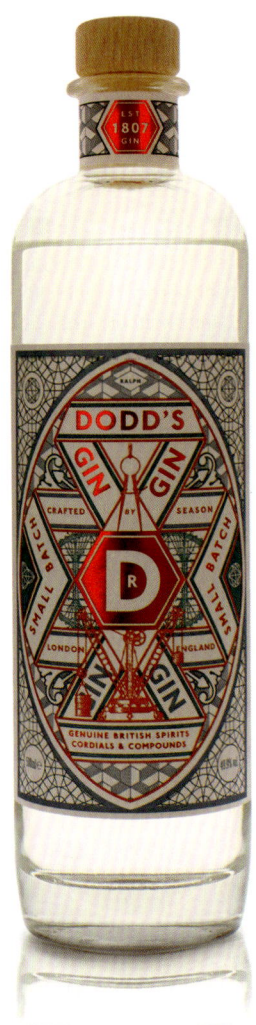

DUTCH COURAGE DRY GIN

ZUIDAM DISTILLERS · NIEDERLANDE

Das Städtchen Baarle gibt es gleich zweimal, am gleichen Ort, aber in zwei Ländern. Schuld an Europas kompliziertester Grenzziehung sind ein paar verfeindete Adelige aus dem 12. Jahrhundert und die Beilegung des Streits durch Godfried II. van Schoten und Herzog Heinrich I. von Brabant. Heute besteht Baarle-Hertog, das zu Belgien gehört, aus 24 Landstücken, die allesamt in den Niederlanden liegen und sich buntfleckig in das holländische Baarle-Nassau mischen. Die Grenze verläuft mitten durch Häuser, und in Cafés und Kneipen setzen sich die Gäste mitunter an andere Tische, weil in Belgien und den Niederlanden verschiedene Sperrstunden gelten ...

Fred van Zuidam gründete 1975 in Baarle-Nassau seine Brennerei – also auf niederländischem Boden, umzin-

Botanicals
Koriandersamen, Angelikawurzel, Orangen- und Zitronenschale, Vanille, Süßholz, Kardamom
44,5 % vol.

gelt von belgischen Enklaven –, seine Frau Hélène übernahm das Design der Flaschen und Etiketten. Inzwischen haben die Söhne Patrick und Gilbert die Leitung der Destillerie übernommen. Ihr nach einem alten Familienrezept hergestellter Dutch Courage – benannt nach dem Mut, den sich die holländischen Soldaten im Dreißigjährigen Krieg mit Genever antranken – ist ein hochklassiger Gin mit einem komplexen, ebenso würzigen wie frischen Geschmacksbild. Der Wacholder spielt die erste Geige und wird von Zitronen-, Orangen- und Süßholzaromen raffiniert ergänzt und abgerundet.

Zuidam

Smell Dutch

DUTCH COURAGE

Dry Gin

Zuidam Dutch Courage Dry Gin is handcrafted in the distillery of the
Van Zuidam Family where two generations of master distillers
combine the most exquisite ingredients to create an exceptional gin.
No effort was spared in the search for perfection from the use of the
very best botanicals to the careful distillation in very small batches,
everything was done to create the ultimate dry gin.

Product of Holland
Distilled from Grain

700 ml   44,5% Alc. by Vol.

EDINBURGH GIN

SPENCERFIELD SPIRIT
EDINBURGH GIN DISTILLERY · SCHOTTLAND

Lehrjahre sind Wanderjahre: Als der Edinburgh Gin 2010 auf den Markt kam, war er zunächst ein weitgereister Gin: Aus der Invergordon Distillery, hoch im Norden Schottlands am Meeresarm Cromarty Firth gelegen, kam der Basisalkohol, der dann ins ehemalige Kohlerevier der West Midlands, genauer gesagt nach Warley bei Birmingham, verschifft wurde. In der Langley Distillery wurde er mit acht klassischen Botanicals auf traditionelle Art und Weise in einem Kupferkessel destilliert und machte sich dann endlich auf in die schottische Hauptstadt Edinburgh, wo er schließlich durch einen weiteren Mazerations- und Destillationsdurchgang seinen schottischen Akzent bekam.

Seit Sommer 2014 ist der Edinburgh ein Vollblutschotte. Der Umweg über England entfällt, weil beide Aromatisierungsetappen in der neuen Edinburgh Gin Distillery durchgeführt werden. In zwei Destillationsanlagen aus der schwäbischen Qualitätsschmiede von Christian Carl wird der Edinburgh Gin traditionell angesetzt und bekommt dann seinen unverwechselbaren schottischen Geschmack. Er wird nochmals mit Wacholderbeeren, Heidekraut, Mariendisteln und Kiefernzapfen gebrannt und erhält dadurch einen mild bitteren Kräuterton, der zugleich sehr weich und ausgewogen ist. Obwohl er sich wegen seiner doppelten Aromatisierung nicht London Dry Gin nennen darf, ist er geschmacklich ein klassischer Vertreter seines Fachs.

Botanicals
Koriandersamen, Angelika- wurzel, Veilchenwurz, Zitronen- schale, Heidekraut, Mariendistel, Kiefernzapfen und weitere
43 % vol.

ELEPHANT LONDON DRY GIN

ELEPHANT GIN · GUT SCHWECHOW · DEUTSCHLAND

Auf Reisen durch Afrika nahm der geheimnisvolle Kontinent Robin Gerlach, Tessa Wienker und Henry Palmer magisch gefangen. In Hamburg beschlossen sie gemeinsam, einen „afrikanischen" Gin zu machen – genauer gesagt, einen Gin zugunsten der vom Aussterben bedrohten Elefanten des Schwarzen Kontinents. 15 Prozent vom Erlös jeder Flasche gehen an die Tierschutzorganisationen „Big Life Foundation" und „Space for Elephants Foundation", die sich für das Überleben der Dickhäuter einsetzen.

Um den Elephant Gin zu entwickeln, taten sich die drei Gründer mit Meisterdestillateur Benny Kohr vom Gutshof Schwechow zusammen. Knapp 100 Kilometer östlich der Hansestadt, am Rande des Naturparks Mecklenburgisches Elbetal und inmitten malerischer Apfelplantagen, werden ansonsten köstliche aromatische Brände und Geiste destilliert. Für den Elephant Gin

Botanicals
Piment, Orangenschale, Bergkiefer, Ingwer, Apfel, Holunder- und Lavendelblüte, Zimtkassie, Afrikanischer Wermut, Affenbrotbaumfrucht, Buchu-Blätter (Rautengewächs), Afrikanisches Löwenohr, Teufelskralle (Sesamgewächs)
45 % vol.

greift man auf die heimischen Äpfel zurück, sein afrikanisches Flair erhält er von klangvollen Zutaten wie Devil's Claw (Teufelskralle), Lion's Tail (Löwenohr) oder Baobab (Affenbrotbaumfrucht). Jede Charge des norddeutschen Qualitäts-Gins und deren Flaschen tragen auf dem Etikett den Namen eines Elefanten, der von den oben genannten Organisationen geschützt wird.

FERDINAND'S SAAR DRY GIN

CAPULET & MONTAGUE
AVADIS DISTILLERY · DEUTSCHLAND

Mosel-Saar-Ruwer, das ist ein Weinanbaugebiet von jahrhundertealter Tradition, aber absolutes Gin-Neuland. Vom Dreiländereck mit Luxemburg und Frankreich kommt jedoch seit einiger Zeit ein Gin, der mit allen Riesling-Wassern gewaschen ist.

Nach dem königlich-preußischen Forstmeister Ferdinand Geltz (1851 bis 1925), der sich um den saarländi-

schen Riesling im Besonderen und den deutschen Wein im Allgemeinen verdient gemacht hat, haben Meisterdestillateur Andreas Vallendar und Winzerin Dorothee Zilliken den Ferdinand's benannt. Wie es der französische G'Vine vorgemacht hat, wird auch dem Saar-Gin der Geist des Weines eingeimpft. Er wird, genauer gesagt, mit Schiefer-Riesling aus den Steillagen des Saarburger Rausches abgerundet, nachdem er mit gut 30 Botanicals mazeriert und dampfinfundiert wurde.

Sein würziges, aber keineswegs dominantes Wacholderbouquet wird von frischen Zitrusaromen begleitet, er liegt weich auf der Zunge und rollt vollmundig mit einer geschmackvollen malzigen Süße aus. Der Riesling des benachbarten und befreundeten Weinguts steuert sein feines Säurespiel hinzu und macht den Ferdinand's zu einer großen Rebe unter den Wacholdern.

Botanicals

Koriander, Angelikawurzel, Zimt, Ingwer, Süßholz, Fenchel, Kardamom, Muskatnuss, Pfeffer, Bitterorange, Zitrone, Limette, Bergamotte, Quitte, Rubinette (Apfel), Weinbergpfirsich, Apfelminze, Zitronenmelisse, Zitronenthymian, Holunderblüte, Schlehe, Hagebutte, Lavendel, Kamille, Hopfenblüte, Weinrose, Passionsblume, Jasmin, Sandelholz, Mandelschale

44 % vol.

FILLIERS DRY GIN 28

GRAANSTOKERIJ FILLIERS · BELGIEN

Seit 1880 werden auf dem Gehöft der Familie Filliers vor den Toren von Deinze, südwestlich von Gent, edle Tropfen gebrannt. Zunächst handelte es sich dabei natürlich um Jenever, und auch heute noch ist der Urahn des Gins das erste Standbein der „Graanstokerij". Aber warum nur auf einem Bein stehen? So hatte Firmin Filliers, nach Karel Lodewijk und Kamiel der dritte Destillateur der Familie, eine glänzende Idee: Er kreierte einen Gin, dem er 28 Botanicals zusetzte. Wann genau das war, darüber ist die Familienchronik mit sich selbst uneins – einmal soll es 1918, kurz nach Ende des Ersten Weltkriegs, gewesen sein, ein anderes Mal begab es sich ein Jahrzehnt später, im Jahr 1928. Dieses letztere Datum hätte selbstredend einen gewissen Charme, da es dem Namen des flandrischen Gins eine zweite, historische Bedeutung verliehe.

Firmin Filliers' Plan war gut, aber die Zeit leider noch nicht reif. Lange

Botanicals
Koriander, Angelikawurzel, Enzianwurzel, Ingwer, Kardamom, Lavendelblüten, Orangenblüten, Kalmus, Hopfenblüten, diverse Zitrusfrüchte, insgesamt 28 Botanicals
46 % vol.

verschwand das Rezept in einer hofeigenen Schublade, aus der es Meisterdestillateur Pedro Saez del Burgo 2012 holte. In kleinen Kupferkesseln und mit viel Handarbeit wird dieser mild ausbalancierte und zugleich hoch aromatische Gin, der sich durchaus als „London Dry Gin" bezeichnen dürfte, hergestellt. Sein deutliches Wacholderaroma wird von klaren Zitrusnoten begleitet. Da stimmen wir gern einem Werbespruch von Filliers zu: „De glaasjes van plezier!" – Gläser voller Genuss!

FORDS LONDON DRY GIN

THE 86 COMPANY
THAMES DISTILLERS · ENGLAND

Der perfekte Allrounder für Cocktails, von Martini bis Tom Collins, von French 75 bis Negroni – das war die Idee, die am Anfang von Fords London Dry Gin stand. Dafür kam es zur transatlantischen Kollaboration zwischen „The 86 Company" aus New York und der Thames Distillery im Londoner Stadtteil Clapham. Branchenlegende Simon Ford, Mastermind der 86 Company, nennt den Fords keineswegs geringschätzig, sondern stolz das „Arbeitspferd des Bartenders".

Nicht nur Meisterdestillateur Charles Maxwell, sondern auch eine ganze Reihe von Barkeepern wurden bei der Entwicklung ins Boot geholt, um Fords Gin in jeder Hinsicht auf die Praxis hin auszulegen: von der öligen Konsistenz, die sich in jedem Cocktail behaupten kann, bis zum Design der Flasche, die besonders gut in der Hand liegt.

Nach 15 Stunden Mazeration folgen fünf Stunden Destillation in den Brennblasen „Tom Thumb" und „Thumberlina", dann wird Fords nach Mendocino County, Kalifornien, verschifft und mit Quellwasser eingestellt. Fords Gin ist wohl der einzige, der bis hinters Komma das Geheimnis seiner Botanicals preisgibt: Wacholder 49,5 %, rumänischer Koriander 30,5 %, Zitrone aus Spanien, Orange aus Haiti und Marokko, türkische Grapefruit, polnische Engelwurz, chinesischer Jasmin, je 3,2 %, indonesische Zimtkassie, Veilchenwurz aus Italien und Marokko, je 2,1 %.

Botanicals
Koriander, Angelikawurzel, Veilchenwurz, Zimtkassie, Bitterorangen-, Zitronen- und Grapefruitschale, Jasmin
45 % vol.

GERANIUM PREMIUM LONDON DRY GIN

HAMMER & SON · LANGLEY DISTILLERY · ENGLAND

Wie auch Jensen's Gin ist der Geranium eine dänisch-englische Grenzüberschreitung. Henrik Hammers Mutter führte einst eine Bar in Kopenhagen, in der dem Vernehmen nach auch Gin über den Tresen ging. Der Filius verdiente sich, den Kinderschuhen entwachsen, seine Sporen mit Gin-Seminaren und als Punktrichter bei Tastings. Hinter der Entstehung des Geranium steht die tragische Geschichte von Hammer & Son – Henrik Hammer entwickelte ihn zusammen mit seinem Vater, der allerdings verstarb, bevor der Geranium 2009 das Licht der Welt erblickte.

Vater und Sohn hatten sich das Ziel gesteckt, die uralte Passion für Gin mit der wissenschaftlichen Präzision der Gegenwart zusammenzubringen. Volle zwei Tage geben die Botanicals in der Langley Distillery in der Nähe von Birmingham ihre

Botanicals
Koriander, Angelikawurzel, Veilchenwurz, Süßholz, Zimtkassie, Zitronen- und Orangenschale, Geranien
40 % vol.

Aromen ab, bevor sie in dem um 1917 gefertigten Kupferkessel „Constance" final destilliert werden. Anschließend wird das edle Destillat zur Flaschenabfüllung zu Thames Distillers nach London transportiert. Obwohl ein klassischer London Dry Gin, nennt Henrik Hammer ihn den „Gin einer neuen Generation", da sich in ihm Tradition und Moderne verbinden. Der Wacholder spielt die erste Geige, wird aber von starken Zitrusnoten begleitet, auf die ein komplexer Nachhall folgt. Seinen Namen verdankt der Gin den mitmazerierten Geranien, die ihm einen floralen Touch verleihen.

GIN MARE

GLOBAL PREMIUM BRANDS
DESTILERÍAS MIQUEL GUANSÉ · SPANIEN

In Vilanova i la Geltrú, einem kleinen Fischerstädtchen an der Costa Dorada, der Goldenen Küste, wird der Gin Mare, das flüssige Gold der Destilerías Miquel Guansé, gebrannt. Und das mit himmlischem Beistand, denn die Kupferdestille steht in einer malerischen alten Kapelle, die einst Mönchen als Ort des Rückzugs gedient hat. Dort, wo früher einmal der Altar gestanden haben muss, werden heute mediterrane Geschmacksnoten in den „Spiritus", den heiligen Geist des Gins, gebracht.

Mare nostrum – „unser Meer" – nannten die Römer stolz das Mittelmeer: Und hat man einen Schluck Gin Mare gekostet, fühlt man sich sofort ans Mittelmeer versetzt, kommen die typisch mediterranen Aromen doch aus Italien (Basilikum), Griechenland (Thymian), der Türkei (Rosmarin) und Spanien (Oliven). Die Botanicals werden mit südländischer Ruhe und Gelassenheit einzeln mazeriert und destilliert, die Destillate dann verschnitten, um einen besonders weichen, milden und ausgewogenen Gin zu erhalten. Insbesondere die katalanische Arbequina-Olive gibt diesem hochklassigen

Der Heilige Gral des Gins: In Vilanova i la Geltrú, ein paar Kilometer vor den Toren Barcelonas, wird der Gin Mare in einer hauseigenen alten Kapelle gebrannt.

Edel-Gin eine besondere Note. Im Mund dominiert neben Wacholder der würzige Rosmarin, begleitet von Zitrus- und Pfeffernoten. Man schmeckt sowohl einen Anflug von Süße als auch einen salzigen Nachhall. Der Gin Mare ist ein mittelmeerischer Kräutergarten – und damit sicherlich eine der eigenständigsten und außergewöhnlichsten Gin-Kreationen, die man sich auf der Zunge zergehen lassen kann.

GIN SUL

ALTONAER SPIRITUOSEN MANUFAKTUR · DEUTSCHLAND

Stephan Garbe führte eine Werbeagentur, war erst äußerst erfolgreich, dann innerlich ausgebrannt. 2009 schmiss er die Brocken hin, setzte sich in sein Wohnmobil und tuckerte ab nach Portugal. Er verlor sein Herz an Odeceixe, ein gemütliches Örtchen am südwestlichen Zipfel der Algarve, der Costa Vicentina, wie gemacht dafür, die Zeit zu vergessen. Bei seinem Fünf-Uhr-Gin-Tonic kam dem Wacholder-Aficionado schließlich die Idee, selbst einen Gin auf die Beine zu stellen.

Zurück in Hamburg, der englischsten Stadt Deutschlands, die zudem eine große portugiesische Kolonie beherbergt, gründete Garbe die Altonaer Spirituosen Manufaktur. In den Räumen einer ehemaligen Tischlerei steht seit 2013 eine nur 100 Liter fassende Kupferbrennblase aus dem Haus Arnold Holstein aus Markdorf am Bodensee. Die Botanicals werden in einen so-

Botanicals
Koriander, Kardamom, Zimt, Piment, Rosmarin, Zitronenschale, Lavendelblüten, Rosenblätter, Lack-Zistrose und weitere
43 % vol.

genannten Anisateur, einen Geistkorb, gehängt, und die aufsteigenden Alkoholdämpfe extrahieren die Aromen. Seine portugiesische Note erhält der Gin Sul durch seine Schlüsselzutat, die Esteva oder Lack-Zistrose, die an den Steilklippen der Costa Vicentina wächst und das Harz Ladanum absondert, das dem Gin eine würzige, harzige Note verleiht.

Der Gin Sul ist „Saudade distilled in Hamburg" – Wehmut, Sehnsucht, bittersüße Melancholie in einem hübschen Tonkrug. Sein Genuss führt garantiert zu schlimmem Fernweh.

GORDON'S LONDON DRY GIN

DIAGEO · CAMERONBRIDGE DISTILLERY · SCHOTTLAND

Das Jahr 1769 gehört zu den Gründungsdaten des Gins: Alexander Gordon, dessen Vater aus dem schottischen Aberdeen nach London gekommen war, gründete in Southwark seine Destillerie, die 1786 nach Clerkenwell in die Goswell Road umzog. Im Jahr 1800 gelang ihm ein zukunftsweisender Coup, als er Lieferant der Royal Navy wurde und die britischen Matrosen den Gordon's rund um den Globus bekannt machten. Sein Enkel Charles verkaufte die Firma 1878 an John Currie, der berühmte Name aber blieb. Längst der umsatzstärkste Gin, fusionierte Gordon's 1898 mit Tanqueray. Heute wird der Gordon's in der Cameronbridge Distillery in Schottland und lizensierten Destillerien rund um den Globus gebrannt.

Gordon's ist ein klassischer London Dry Gin, der Wacholder ist ausgeprägt und dominant. Das Rezept, das Alexander Gordon erfand und verfeinerte, ist seit den Anfangstagen unverändert. Der Gordon's wird in mehr als 140 Ländern vertrieben und ist neben der philippinischen Marke Ginebra San Miguel Weltmarktführer.

Einen zugleich werbewirksamen und charmanten Auftritt hatte Gordon's 1951 im Hollywoodstreifen „African Queen", in dem sich Humphrey Bogart ausführlich dem Gin-Genuss widmet, woraufhin Katharine Hepburn den guten Stoff flaschenweise über Bord gehen lässt. Trotz ihrer Gin-Krise umschiffen Kapitän Charlie Allnutt und Missionarin Rose Sayer alle Stromschnellen und überleben auch den dramatischen Showdown ...

Botanicals
Koriander, Angelikawurzel, Veilchenwurz, Süßholz, Ingwer, Zimtkassie, Muskat, Zitronen- und Orangenschale
37,5 % vol.

GREENALL'S ORIGINAL LONDON DRY GIN

QUINTESSENTIAL BRANDS · G&J DISTILLERS · ENGLAND

In der 1760 von Thomas Dakin eröffneten, 1860 von Edward Greenall gepachteten und schließlich zehn Jahre später von dessen jüngeren Brüdern Gilbert und John gekauften und in „G&J Greenall" umbenannten Destillerie im nordenglischen Warrington werden eine ganze Reihe bester Gins gebrannt. Die Geschäftsbasis der 2011 von dem Getränkekonzern Quintessential Brands übernommenen Traditionsschmiede bildet jedoch die Produktion zahlreicher Gins für britische Supermarktketten.

Der „Haus-Gin" von Greenall heißt Original London Dry Gin, weil er auf ein Rezept von Thomas Dakin aus dem Jahr 1761 zurückgeht, dessen „Warrington Gin" bereits mit den gleichen Botanicals gebrannt worden sein soll. Übrigens schmückt sich nicht nur Greenall's Original, sondern auch The Original Bombay London Dry Gin, der Vorfahre des

Botanicals
Koriander, Angelikawurzel, Veilchenwurz, Süßholz, Zimtkassie, Bittermandeln, Zitronenschale
40 % vol.

später so erfolgreichen Bombay Sapphire, mit der Jahreszahl 1761: Denn beide Gins führen sich auf Dakins Originalrezept zurück – sie unterscheiden sich nur dadurch, dass Greenall's Original im traditionellen Pot-Still-Verfahren destilliert wird, während sein Bombay-Pendant aus einer Carter-Head-Still kommt.

Greenall's ist ein exzellenter Vertreter seines Fachs. Der Wacholder steht, wie es sich für das Original unter den London Dry Gins gehört, im Zentrum. Sein fein abgestimmtes, klassisches Aromenspiel macht ihn zu einer günstigen Alternative zu vielen Premium-Gins.

133

G'VINE FLORAISON & NOUAISON

EUROWINEGATE · FRANKREICH

Önologe und Destillateur Jean-Sébastien Robicquet gründete 2001 EuroWineGate und verschrieb sich der Entwicklung innovativer Premium-Spirituosen auf Basis von Weintrauben. In der Gegend von Cognac, im Westen Frankreichs, entwickelte er zwei Gins, deren Alkoholbasis nicht aus Getreide gewonnen wird, sondern aus der Trebbiano-Traube, die in Südfrankreich „Ugni blanc" und im Cognac-Gebiet „Saint-Émilion" heißt.

Im Frühsommer blühen die Rebstöcke, und darauf beziehen sich die Namen der beiden verschwisterten Gins: Floraison ist die Blütezeit, während Nouaison die beginnende Fruchtbildung bezeichnet. Die Rebblüten werden geerntet, im Traubendestillat des Vorjahres mazeriert und destilliert – das Gleiche geschieht mit den weiteren Botanicals, jedoch nicht gemeinsam, vielmehr werden sie in drei „Familien" gruppiert. Abschließend werden die vier Destillate nochmals mit neutralem Weindestillat in einem Kupferkessel namens „Lily Fleur" gebrannt.

Beide G'Vines basieren auf den gleichen Botanicals, unterscheiden sich jedoch nicht nur im Alkoholgehalt. Gemeinsam ist ihnen das schwach ausgeprägte Wacholderaroma, das von der Weintextur überlagert wird. Der Floraison gibt sich frischer, frühlingshafter, floraler, während der Nouaison würziger, aromatischer, herber ist. Beide sind nichts für Wacholder-Puristen, wohl aber für unerschrockene Entdecker auf der Suche nach neuen Sinneserfahrungen.

Botanicals
Traubenblüten, Koriander, Muskatnuss, Grüner Kardamom, Kubebenpfeffer, Ingwer, Süßholz, Zimtkassie, Limette
40 % vol. / 43,9 % vol.

135

HAYMAN'S LONDON DRY GIN

HAYMAN DISTILLERS · ENGLAND

Der Hayman's stammt von einem der großen klassischen Gins ab, dem Beefeater. Christopher Hayman, der den London Dry Gin 2008 auf den Markt brachte, ist nämlich ein Urenkel von James Burrough, der 1862 in der Londoner Cale Street in Chelsea eine Brennerei kaufte und dort das originale Beefeater-Rezept entwickelte.

Christopher Hayman ist seit 1969 im traditionsreichen Familienunternehmen tätig, und als „James Burrough PLC" 1987 verkauft wurde, erwarb er die Rechte in den folgenden Jahren zurück, benannte die Firma in „Hayman Distillers" um und machte daraus wieder einen echten Familienbetrieb. 2008 realisierte er mit dem Hayman's seine Vorstellung von einem perfekten London Dry Gin.

Für ihn werden zehn Botanicals 24 Stunden mazeriert, um dann in einem maßgefertigten Kupferkessel namens „Marjorie", der seit 2013 im Einsatz ist und nach Christopher Haymans Mutter benannt wurde, zu einem ebenso traditionellen wie hochklassigen London Dry Gin gebrannt zu werden. Wacholder und Zitrone gehen im Hayman's eine klassische Verbindung von leichtfüßiger Trockenheit ein. Er gehört zu den geschätztesten Gins und ist dekoriert mit vielen Auszeichnungen. Daneben vertreibt Hayman Old Tom Gin, Sloe Gin, eine „Navy Strength", den „1850 Reserve Gin" sowie nach eigenem Bekunden den ersten „Gin Liqueur" der Welt.

Botanicals

Koriander, Angelikawurzel, Veilchenwurz, Muskatnuss, Zimt, Zimtkassie, Süßholz, Orangen- und Zitronenschale

40 % vol.

HENDRICK'S GIN

WILLIAM GRANT & SONS
GIRVAN GRAIN DISTILLERY · SCHOTTLAND

Rosengärten und Gurken-Sandwiches – wer möchte bei dieser Vorstellung nicht gern eine Bowler tragen, auf Linksverkehr umsteigen, Bitterorangenmarmelade frühstücken und in Gloucestershire oder Worcestershire Asyl beantragen. Im Hendrick's scheint die ganze englische Kultur mazeriert worden zu sein. Und zwar mitsamt des britischen Humors, denn die Selbstdarstellung des Hendrick's hat wenig mit herkömmlichem Marketing am Hut, sondern scherzt über alles und jeden, am meisten über sich selbst. Der Hendrick's – eine Art „Monty Python's fliegender Zirkus" des Gins!

Dabei ist der Hendrick's gar kein Engländer, sondern Schotte. Er stammt aus dem Hause der Whisky-Dynastie William Grant & Sons, zu der Glenfiddich und Balvenie gehören. Zu seiner Herstellung werden eine Carter-Head-Destille aus dem Jahr 1948 sowie eine Kupferdestille von 1860 kombiniert, die Botanicals

Botanicals
Koriander, Angelikawurzel, Kubebenpfeffer, Zitronen- und Orangenschale, Kamille, Holunderblüten, Mädesüß, Kümmel, Veilchenwurz
44 % vol.

sowohl mazeriert als auch im aufsteigenden Dampf extrahiert. Der besondere Clou ist dann die Zugabe einer Essenz aus Rosen und Gurken, die diesem Gin ein dezentes, aber prägendes Aroma verleiht.

Der Gin in der schicken Apothekerflasche kam 1999 auf den Markt und gehört zu den ganz großen Erfolgsgeschichten des neuen Jahrtausends. Statt mit der üblichen Zitrusschale wird der Hendrick's Tonic mit Gurkenscheiben serviert – man kann das für extra trockenen Humor halten, aber es wirkt tatsächlich!

JENSEN'S BERMONDSEY LONDON DRY GIN

BERMONDSEY DISTILLERY · ENGLAND

Der Jensen's ist eine dänisch-japanisch-englische Affäre und eine Zeitreise in die goldene Epoche des Gins. Christian Jensen, IT-Spezialist in der Finanzbranche, lebte aus beruflichen Gründen zeitweilig in Tokio, wo er 2001 in einer Bar landete und einen Dry Martini serviert bekam. Und der schmeckte anders als alle Martinis, die er bis dahin getrunken hatte. Ins Glas war nämlich „Vintage Gin" aus einer vergangenen Epoche gelangt, der spürbar anders auf der Zunge lag.

Jensen war begeistert und machte sich auf die Suche nach dem verlorenen Gin – nach dem Gin des 19. und beginnenden 20. Jahrhunderts. Er begann, alte Flaschen zu sammeln. Er wühlte sich durch staubige, halb vergilbte Rezepte und Aufzeichnungen aus der Geschichte des Gins. Schließlich suchte er Meisterdestillateur Charles Maxwell von der Thames Distillery auf, um den Gin der Vergangenheit zu rekonstruieren. Bald richtete er in Bermondsey, in einem Gewölbebogen unter der Eisenbahnstrecke, die vom Bahnhof London Bridge südöstlich aus der Stadt herausführt, seine eigene Kleindestillerie ein, in der er mit Destillateurin Anne Brock den Jensen's brennt.

Der Jensen's ist die Antithese zu den modernen New Western Gins. Sein Wacholderaroma ist stark ausgeprägt und zugleich weich, begleitet wird es ausschließlich von klassischen Botanicals, markant ist vor allem der Einfluss der Zitrone.

Botanicals
Koriandersamen, Angelikawurzel, Süßholzwurzel, Veilchenwurz, Lavendel, Zitronen- und Orangenschale
43 % vol.

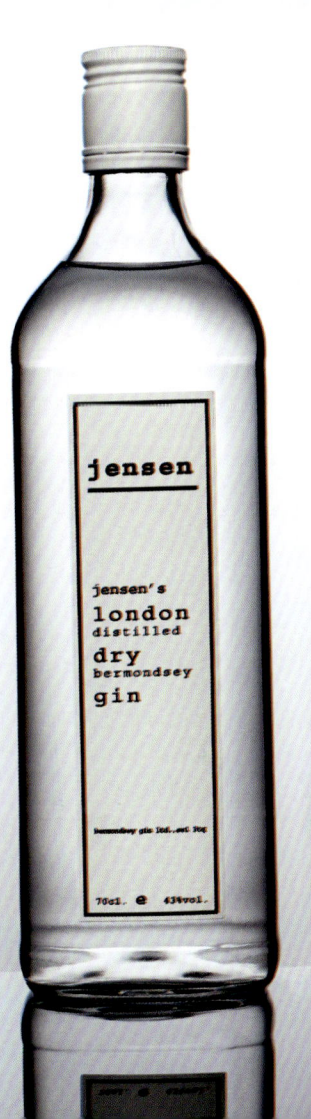

LEOPOLD'S AMERICAN SMALL BATCH GIN

LEOPOLD BROTHERS DISTILLERY · COLORADO, USA

Todd Leopold lernte die Kunst des Bierbrauens am Siebel Institute of Technology in Chicago, der ältesten Brauereischule der USA, und vertiefte sein Wissen anschließend an der renommierten Doemens-Akademie in München sowie bei verschiedenen Brauereien in ganz Europa. Währenddessen studierte sein Bruder Scott an der Northwestern University in Illinois und der Stanford University in Kalifornien Ökonomie und Ingenieurwissenschaften. Anschließend verdiente er sich seine ersten Sporen in großen amerikanischen Unternehmen.

1999 taten sich Todd und Scott zusammen und gründeten in Ann Arbor, Michigan, die Brauerei Leopold Bros., die 2008 nach Denver, Colorado, zog. Bald waren ihnen Hopfen und Malz nicht mehr genug, und sie begannen auch Spirituosen herzustellen. Ein besonders gutes Händ-

Botanicals
Koriandersamen, Veilchenwurz, Kardamom, Orangen- und Pampelmusenschale
40 % vol.

chen bewies Todd Leopold mit seinem American Small Batch Gin, der in den vergangenen Jahren einen hervorragenden Ruf erworben hat. Für ihn werden die Botanicals separat mazeriert und destilliert, um erstens jedes einzelne Aroma zu akzentuieren und zweitens einen weicheren Gesamteindruck zu erreichen. Das für American Gins typische ausgeprägte Zitrusfruchtaroma erhält der Leopold's von Valencia-Orangen aus Florida und kalifornischen Pampelmusen. In der hochprozentigen Variante, Leopold's Navy Strength American Gin mit 57 % vol., sorgt die Bergamotte für ein außergewöhnliches Aroma.

LEOPOLD'S

AMERICAN SMALL BATCH GIN

BATCH No. 1402

We distill each batch of gin from only the finest botanicals including juniper and orris root, as well as hand-zested American pummelos and oranges. Each handcrafted batch is unique, yielding only fifty cases of an exceptionally complex yet subtle spirit which both those new to American gin and the connoisseur will appreciate. - Todd Leopold, Master Distiller

750ml, 80 Proof, 40% Alc. by Vol.

LONDON HILL
LONDON DRY GIN

IAN MACLEOD DISTILLERS
LANGLEY DISTILLERY · ENGLAND

Einer der größten unabhängigen Whisky-Abfüller, Ian Macleod Distillers, wurde 1933 gegründet und 1936 von Leonard J. Russell übernommen. Das Unternehmen kauft in großem Stil hochwertige Single Malts, Blended Whiskys und andere Gaumenkitzler auf, die dann unter eigener Kontrolle weiterverarbeitet und vertrieben werden. Zu Macleod gehören mehr als ein Dutzend Whisky-Brands, allerdings vermarktet der Branchenriese aus Broxburn vor den Toren von Edinburgh nicht nur, sondern ist seit 2003 auch Eigentümer der wildromantisch gelegenen Destillerie Glengoyne, in der seit 1833 Malt Whisky gebrannt wird.

Zu Ian Macleod gehören auch drei Gin-Brands, allesamt London Dry Gins: King Robert II, Marlborough und London Hill. Die Ursprünge des London Hill sollen im späten 18. Jahrhundert liegen, gebrannt

Botanicals
Koriandersamen, Angelikawurzel, Veilchenwurz, Zimtkassie, Ingwer, Paradieskörner, Süßholz, Muskatnuss, Zitronen- und Orangenschale und weitere
40 % vol.

wird er in der Langley Distillery, die für viele hochklassige und namhafte Wacholdergewächse verantwortlich zeichnet. Seit 1920 produziert die Brennerei, die sich in den Mauern einer ehemaligen Brauerei im früheren Kohlerevier der West Midlands in der Nähe von Birmingham befindet, äußerst erfolgreich Gin.

Der London Hill ist, wie es sich für einen London Dry Gin gehört, wacholderbetont. Explosive Zitrusaromen und eine angenehme leichte Würze machen ihn zu einem klassischen Vertreter seines Fachs.

MARTIN MILLER'S GIN

REFORMED SPIRITS · LANGLEY DISTILLERY · ENGLAND

Einst arbeitete Martin Miller als freier Fotograf für Antiquitätenhändler, begann sich für das Thema zu interessieren und machte sich schließlich als Autor unzähliger Antiquitäten-Preisführer einen Namen. Eines Tages saß er mit zwei Freunden vor Gläsern mit Gin, und schon war eine Schnapsidee geboren. Miller beschloss, höchstpersönlich einen neuen Gin zu kreieren. Gesagt, getan – 1999 kam er auf den Markt und gehört seither zu den hochgeschätztesten Gins.

Gebrannt wird Martin Miller's Gin in der 1903 gefertigten „Angela", der ältesten noch betriebenen Kupferbrennblase Großbritanniens aus der Schmiede von John Dore. Die durchweg klassischen Botanicals werden in zwei Chargen mazeriert – zunächst geben Wacholder und Co. ihren Geschmack ab, in einem zweiten Durchgang wird den Orangen, Zitronen und Limetten ihr Aroma abgetrotzt. Zwar darf sich Mil-

Botanicals
Koriandersamen, Angelikawurzel, Veilchenwurz, Süßholz, Zimtkassie, Bitterorangen-, Zitronen- und Limettenschale, Gurke
40 % vol.

ler's Gin deshalb nicht London Dry Gin nennen, geschmacklich ist er aber ein besonders feines Exemplar desselben. Dazu trägt nicht zuletzt bei, dass das fertige Destillat nach Island verschifft und dort mit Gletscherschmelzwasser auf Trinkstärke gebracht wird.

Miller's ist ein klassischer Gin mit klarem Wacholder, viel frischer Zitrone und Minze auf der Zunge. Zusätzlich gibt es eine höherprozentige Version, „The Westbourne Strength" mit 45,2 % vol., die mit den gleichen Botanicals gemacht wird, geschmacklich ist der Wacholder dominanter und der Geschmack voller und würziger.

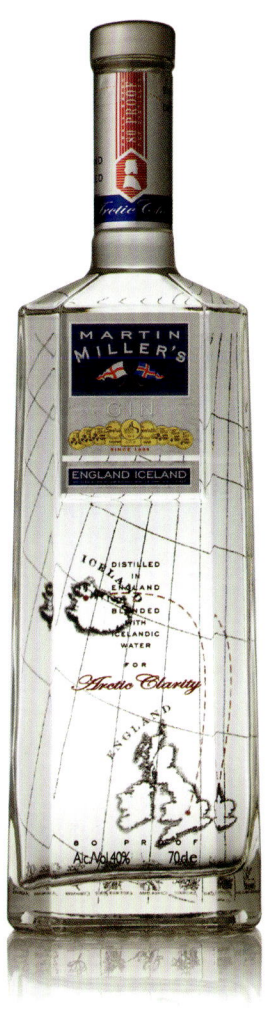
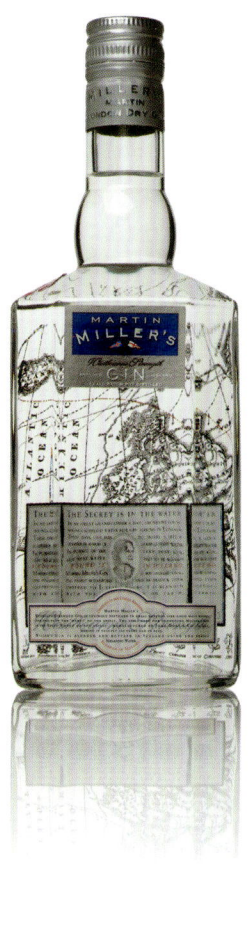

MONKEY 47
SCHWARZWALD DRY GIN

BLACK FOREST DESTILLERIE · DEUTSCHLAND

Eine Legende, die kaum zu glauben ist, rankt sich um diesen noch jungen, aber schon weithin bekannten Gin. Der englische Diplomatensohn und Fliegeroffizier Montgomery Collins lebte ab 1951 im Schwarzwald. Ein halbes Jahrhundert später fand man in einem alten Landgasthaus, das er geführt und „Zum wilden Affen" genannt hatte, eine verstaubte Kiste, darin eine Flasche mit der Aufschrift „Max the Monkey – Schwarzwald Dry Gin" sowie das zugehörige Rezept. Auf den Affen gekommen war der Exzentriker, als er nach Kriegsende im Berliner Zoo die Patenschaft für einen Langschwanzmakaken übernommen hatte.

2010 gingen Alexander Stein und Christoph Keller mit ihrem Monkey 47 auf den Markt, der die Zahl aus zwei Gründen im Namen trägt: Erstens beträgt seine Trinkstärke 47 % vol., zweitens enthält er sage und schreibe 47 Botanicals, darunter einige lokale Schwarzwaldgewächse. Den Apothekerflaschen mit dem Briefmarkenetikett entströmt ein reiches Bouquet, geschmacklich gibt sich der Monkey ebenso weich wie komplex – vor allem pur ist er eine Wucht.

Botanicals

Koriander, Angelika, Veilchenwurz, Kardamom, Süßholz, Zimt, Zimtkassie, Muskatnuss, Piment, Nelke, Ingwer, Kubebenpfeffer, Paradieskörner, Mandel, Akazie, Kalmus, Zitrone, Bitterorange, Pomelo, Kaffirlimette, Brom-, Preisel-, Weißdorn- und Kranichbeere, Zitronenverbene, -gras und -melisse, Holunder, Kamille, Bisam- und Straucheibisch, Heckenkirsche, Jasmin, Schlehe, Lavendel, Goldmelisse, Hagebutte, Salbei, Fichtensprossen und weitere

47 % vol.

NO. 3 LONDON DRY GIN

BERRY BROS. & RUDD
DE KUYPER ROYAL DISTILLERS · NIEDERLANDE

Zwischen Hyde Park und Westminster Abbey, nicht weit vom Buckingham Palace, liegt die St. James's Street. Im 15. Jahrhundert gab es hier ein Hospital für Leprakranke, das St. James hieß, im 16. Jahrhundert ließ Heinrich VIII. an gleicher Stelle ein Jagdschloss errichten, das ihm zugleich als Liebesnest diente. Ab 1662 gab Henry Jermyn, Erster Earl von St. Albans, den St. James's Square in Auftrag und ließ die nähere Umgebung bebauen. In der St James's Street No. 3 eröffnete 1698 ein Geschäft, in dem zunächst vor allem Kaffee, Tee und Gewürze verkauft wurden. Dies war die Geburtsstunde von Berry Bros. & Rudd, Londons ältestem Wein- und Spirituosenladen.

Der No. 3 wurde nach der Hausnummer der uralten Adresse benannt, und er ist noch in anderer Hinsicht tief in der englischen Geschichte verwurzelt: Lediglich sechs einschlägige Botanicals werden zu seiner Herstellung in althergebrachten Kupferdestillen verwendet. Mit anderen Worten: Der No. 3 ist ein so

klassischer London Dry Gin wie nur eben möglich – sein Herz und seine Seele sind aus Wacholder.

Allerdings wird der No. 3 nicht in England produziert, sondern im holländischen Schiedam, wo De Kuyper schon seit 1695 die hohe Kunst der Destillation pflegt. Der Gin kehrt damit sozusagen zu seinen Ursprüngen zurück, und das mit erstklassigen Resultaten. Nach eigener Auskunft ist der No. 3 übrigens gemacht, um das letzte Wort in Sachen Dry Martini zu sprechen.

Botanicals
Angelikawurzel, Koriandersamen, Kardamom, Orangen- und Grapefruitschale
46 % vol.

NO. 209 GIN

DISTILLERY NO. 209 · KALIFORNIEN, USA

Im Jahr 1870 kaufte William Scheffler in New York die kalifornischen Patentrechte für eine neuartige Destillationsblase. Damit ging er auf den „Trail" 2500 Meilen westwärts und landete schließlich in St. Helena im Napa Valley, nördlich von San Francisco. 1880 kaufte er das Weingut „Edge Hill", auf dem er 1882 eine Brennerei errichtete. Seine Lizenz hatte die laufende Nummer 209, und er ließ sie stolz über den Eingang seiner heiligen Hallen lackieren. Scheffler brannte hochwertige Spirituosen, die mit zahlreichen Preisen dekoriert wurden, etwa auf der Pariser Weltausstellung 1889.

Jahrzehnte später hatte wilder Wein die ehemalige Destillerie völlig bedeckt, die nun als Scheune benutzt wurde. 1999 entdeckte Leslie Rudd, der neue Verwalter von „Edge Hill", die Überreste von No. 209 und belebte die alte Marke wieder – allerdings nun am Pier 50 im Hafen von San Francisco.

„Ginerator" Arne Hillesland hat nach eigenem Bekunden ganze 87 Probeläufe lang experimentiert, bis das Rezept für den neuen No. 209 perfekt war. Für ihn wird vierfach destillierter Alkohol über Nacht mit klassischen Botanicals sowie der eher seltenen Bergamotte mazeriert, die abschließende Destillation dauert elf Stunden. Der No. 209 ist ein eleganter Gin mit eher dezentem Wacholder. Im Mittelpunkt des Geschmackserlebnisses steht die Frische von Zitrusfrüchten, flankiert von zarten Mentholnoten und pfeffrigen Anklängen.

Botanicals

Koriandersamen, Angelikawurzel, Zimtkassie, Grüner Kardamom, Zitronenschale, Bergamotte

46 % vol.

153

NOLET'S SILVER DRY GIN

NOLET DISTILLERY · NIEDERLANDE

In Schiedam, der „Welthauptstadt des Genevers" vor den Toren Rotterdams, kann man im „Nationaal Jenevermuseum" fast alles über die holländische Nationalspirituose erfahren. Ein paar Meter weiter an der gleichen malerischen Gracht liegt die Destillerie Nolet, die bereits seit 1691 besteht. Direkt neben der Destillerie ließen die Nolets die Holländerwindmühle „De Nolet" bauen, die seit 2006 für den Strom sorgt und mit einer Kappenhöhe von 42,5 Metern die höchste klassisch gebaute Windmühle der Welt ist.

Carolus Nolet Sen. steht dem Familienbetrieb in zehnter Generation voran, seine Söhne Carl Jr. und Bob haben die tägliche Arbeit inzwischen weitgehend übernommen. Nolet's Silver haben sie zusammen kreiert – ihr Ziel war kein klassischer London Dry Gin, sondern ein moderner Gin der absoluten Premium-Klasse. Aus den traditionellen Botanicals Wacholder und Co. brennen sie ein Basisdestillat, die außergewöhnlichen Zutaten – weißer Pfirsich, Himbeeren und türkische Rosen – werden einzeln mazeriert und destilliert. Anschließend wird die Basis mit den drei Spezialessenzen zusammengeführt und für eine Weile gelagert.

Nolet's Silver ist ungemein weich, seine Wacholdernoten sind dezent, aber präsent und werden von blumigen und fruchtigen Aromen begleitet. Eine leichte Süße resultiert aus dem Zusammenspiel von Rosenblüten, Süßholzwurzeln und frischen Früchten.

Botanicals
Veilchenwurz, Zitronen, Süßholz, Pfirsich, Himbeeren, Rosen und weitere
47,6 % vol.

PICKERING'S GIN

SUMMERHALL DISTILLERY · SCHOTTLAND

„Made in Edinburgh" – die Summerhall Distillery ist die erste neu eröffnete Gin-Brennerei in Edinburgh seit mehr als 150 Jahren. Angesiedelt auf dem Gelände einer ehemaligen Veterinärschule, die im Volksmund kurz „The Dick Vet" hieß, nun jedoch Summerhall genannt wird und vorwiegend Ateliers und Galerien beherbergt, wird dort seit 2014 Pickering's Gin produziert.

Unternehmer Marcus Pickering und Ingenieur Matt Gammell, Geschäftspartner seit mehr als einem Jahrzehnt und Freunde noch sehr viel länger, taten sich zusammen, um den Traum vom eigenen Gin zu realisieren. Der Pickering's basiert auf einem alten Kolonialrezept der Familie Pickering, von dem ein handschriftliches Fragment, datiert auf den 17. Juli 1947, Zeugnis ablegt. Er wird in einem Kupferkessel namens „Gert" zum Leben erweckt, und zwar mittels einer Bain-Marie. Das Wasserbad ermöglicht eine äußerst gleichmäßige und kontrollierte Temperierung – und damit die besonders schonende Extraktion der Aromen aus den Botanicals. Der Pickering's ist vollmundig, Süßholz, Zimt und Nüsse liegen erdig und leicht süßlich auf der Zunge und werden von einer angenehmen Zitrusfrische durchkreuzt. In den pittoresken Summerhall-Komplex ist auch eine Bar namens „The Royal Dick" gezogen, die beste Verbindungen zur Destillerie pflegt und wo der Pickering's so gut schmecken soll wie nirgends sonst.

Botanicals

Koriandersamen, Angelikawurzel, Kardamom, Fenchelsamen, Sternanis, Nelken, Zitronen- und Limettenschale

42 % vol.

PLYMOUTH GIN

PERNOD RICARD · BLACK FRIARS DISTILLERY · ENGLAND

Der alte Gin und das Meer: 1620 setzte die „Mayflower" in Plymouth im Südwesten Englands die Segel, erreichte nach 66 Tagen Massachusetts, wo die Pilgerväter eine Siedlung gründeten, der sie – was auch sonst? – den schönen Namen Plymouth gaben. Eine Zeichnung der „Mayflower" ziert das Etikett des Plymouth Gin, der zwar historisch etwas jünger ist, aber zu den ganz alten Eisen des englischen Gins gehört.

Die Wurzeln des Plymouth Gin ragen freilich noch tiefer in die englische Historie. 1431 gründete der Dominikanerorden im Hafen der Stadt ein Kloster, in dem die Pilgerväter genächtigt haben sollen, bevor sie mit der „Mayflower" in See stachen. Gut ein Jahrhundert darauf schloss das Kloster seine Pforten, später wurde daraus die Destillerie der schwarzen Mönche („Black Friars Distillery"), die heute die älteste noch in Betrieb stehende Gin-Brennerei Englands ist

Botanicals
Koriandersamen, Angelikawurzel, Veilchenwurz, Kardamom, Zitronen- und Orangenschale
41,2 % vol.

und in der seit 1793 der Plymouth Gin gebrannt wird.

Plymouth Gin ist nicht nur einer der ältesten, sondern auch einer der besten Gins: Schon im 19. Jahrhundert erlangte er großes Ansehen und ungeheure Beliebtheit in aller Welt. Beinahe zwei Jahrhunderte lang belieferte die Destillerie die britische Flotte und Admiralität, weswegen die hochprozentige Version (57 % vol.) „Navy Strength" heißt. Der Plymouth ist ein traditioneller London Dry Gin, ohne sich so zu nennen. Sein klarer Wacholder und eine steife Brise Zitrone und Orange machen ihn zu einem der anerkanntermaßen besten Wacholdergewächse in der langen Geschichte des Gins.

PORTOBELLO ROAD NO. 171 LONDON DRY GIN

LEELEX · THAMES DISTILLERS · ENGLAND

Im viktorianisch geprägten, malerischen Notting Hill, unmittelbar am berühmten Portobello Road Market, ist eine der großen Institutionen der Londoner Gins beheimatet. In der Portobello Road No. 171 findet man die Portobello Star Bar, in deren Räumen schon seit 1740 ausgeschenkt wird. In den beiden Stockwerken darüber haben Ged Feltham und Jake Burger das „Ginstitute" gegründet, das nach eigenem Bekunden zweitkleinste Museum Londons, wo man auch eine Miniaturdestille mit dem schönen Namen „Coppernicus" bewundern kann. In ihr wurde der London Dry Gin des Hauses einst entwickelt, produziert wird er allerdings von Thames Distillers in Clapham, südlich der Themse.

Alter Pub-Adel verpflichtet, und tatsächlich ist der Portobello Road No. 171 ein klassischer, traditioneller London Dry Gin, wie er im Buche steht. Der intensive Wacholder dominiert glasklar, ohne bitter zu wirken. Die allesamt einschlägigen Botanicals sind superb ausbalanciert. Die geschmackliche Entwicklung beginnt im Zitrusspektrum und entwickelt sich über Süßholznoten bis hin zu einem langen pfeffrigen Ausklang. Die Bar empfiehlt den Portobello Road mit Fever-Tree Tonic und einem Streifen Grapefruitschale.

Botanicals
Koriandersamen, Angelikawurzel, Veilchenwurz, Süßholz, Zimtkassie, Muskatnuss, Zitronen- und Orangenschale
42 % vol.

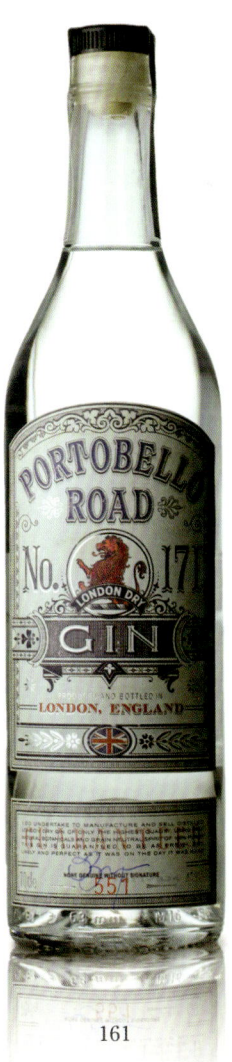

161

SACRED GIN

SACRED SPIRITS · ENGLAND

In Highgate, im Norden Londons, wo die Stadt ins Grüne übergeht, wird seit 2008 ein spektakulärer „Badewannen-Gin" gebrannt. Ian Hart und seine Frau Hilary Whitney stellen ihn in ihrem Hinterhaus her. Dazu kam es, als Hart, der als Headhunter in der Finanzwelt arbeitete – sein größter Auftraggeber war eine Bank namens Lehman Brothers –, nach dem großen Crash erstens nicht mehr so viel zu tun hatte und zweitens auch nicht mehr wollte. Er

erinnerte sich seines naturwissenschaftlichen Studiums in Cambridge und begann mit Wein zu experimentieren, landete dann aber beim Gin.

Die zweckentfremdete Küche, in welcher der Sacred Gin zur Welt kommt, sieht aus wie ein großes Chemielabor. Hier gibt es keinen Kupferkessel, sondern viele kleine Gerätschaften aus Glas. Mittels Vakuumdestillation, mit geringem Druck und bei geringen Temperatu-

ren, entstehen aus den zwölf Botanicals zwölf verschiedene Destillate, die erst dann zusammengeführt werden.

Sacred Gin ist ein komplexer, aromatischer, klassischer Gin. Er wird mit vielen üblicherweise verdächtigen Botanicals destilliert, sein Name führt sich aber auf eine sehr spezielle Zutat zurück, die Boswellia sacra, „Somalischer" oder „Arabischer Weihrauch". Bei der San Francisco World Spirits Competition 2013 gewann der Sacred eine Doppel-Gold-Medaille und ist damit vielleicht das Beste, was die Finanzkrise der Welt geschenkt hat.

Botanicals
Koriandersamen, Angelikawurzel, Grüner Kardamom, Muskatnuss, frische Zitronen-, Limetten-, Orangenschale, Boswellia sacra (Weihrauch), insgesamt 12 Botanicals
40 % vol.

SAFFRON GIN

GABRIEL BOUDIER · FRANKREICH

1909 übernahm Gabriel Boudier das 1874 gegründete Haus Fontbonne in Dijon und machte sich bald mit seinem Crème de Cassis und anderen Likören einen Namen. 1936 verkaufte seine Witwe das Unternehmen an Marcel Battault, der den inzwischen weit über die Grenzen Frankreichs hinaus berühmten Namen nicht mehr änderte. Boudier befindet sich bis heute im Familienbesitz der Battaults.

Der Saffron Gin, so will es die Legende, basiert auf einem alten Rezept aus den Boudier-Archiven und wurde 2008 auf den Markt gebracht. Er ist unverkennbar anders, eine britisch-französisch-indische Melange mit exotischem Teint. Seine extravagante Farbe, die von Dunkelgoldgelb in Orange übergeht, verdankt sich der Nachbehandlung mit Safran. Möglicherweise können die extrem teuren Blütenstempel des Crocus sativus eine solch intensive Farbe alleine bewirken, vielleicht spielt aber auch die geheim gehaltene neunte Zutat eine gewisse Rolle.

Das Wacholderaroma des Saffron ist zurückhaltend, nach vorn drängen der Anisgeschmack des Fenchels sowie bittersüße Orangentöne, die entfernt an Karamell erinnern. Auch würzige Noten sowie der Einfluss des Safrans auf das Geschmacksbild sind wahrzunehmen. Der Saffron ist alles, nur kein London Dry Gin – er unterscheidet sich allerdings auch vom Gros der New Western Gins. Er ist vielleicht einfach typisch französisch.

Botanicals
Koriandersamen, Angelikasamen, Veilchenwurz, Fenchel, Zitronen- und Orangenschale, Safran
40 % vol.

SEAGRAM'S EXTRA DRY GIN

PERNOD RICARD · JOSEPH E. SEAGRAM & SONS
MGP LAWRENCEBURG DISTILLERS · INDIANA, USA

1869 stieg Joseph Seagram in eine zwölf Jahre zuvor gegründete Destillerie in Waterloo, Ontario, auf kanadischer Seite zwischen den Großen Seen gelegen, ein. 1883 wurde er alleiniger Besitzer und benannte die Brennerei in Joseph E. Seagram & Sons um. Als er 1928 starb, verkauften die Erben die Brennerei mitsamt den Namensrechten an Samuel Bronfman. Dessen 1924 in Montreal gegründete Distillers Corporation profitierte nicht nur von der 1920 in den USA in Kraft getretenen Prohibition, sondern war mit ihren stattlichen Mengen diverser Whiskeys auch bestens für deren Aufhebung im Jahr 1933 gerüstet, nach der das Unternehmen erst recht florierte. In der Folge wurde Seagram's zur großen Nummer, doch nach Bronfmans Tod 1971 setzten Sohn und Enkel auf andere Wirtschaftssektoren, machten erst in Öl, dann in

Botanicals
Koriandersamen, Angelikawurzel, Kardamom, Zimtkassie, Orangenschale
40 % vol.

Medien. Im Jahr 2000 wurde das Unternehmen geschluckt und zerschlagen, den Gin-Brand Seagram's übernahm 2001 der französische Wein- und Spirituosen-Konzern Pernod Ricard.

Seit 1939 gibt es den Seagram's Extra Dry Gin. Er ist für den nordamerikanischen, was Gordon's London Dry Gin für den europäischen Markt ist: der mit Abstand weitverbreitetste und meistverkaufte Gin. Der Seagram's wird zweifach destilliert und in verkohlten Fässern aus amerikanischer Weißeiche gelagert, um ihn besonders weich zu machen.

167

SIPSMITH LONDON DRY GIN

SIPSMITH DISTILLERY · ENGLAND

2009 tat sich Unerhörtes in London, genauer gesagt in Hammersmith, tief im Westen der Stadt. Seit 1820 waren in der Stadt an der Themse keine kupfernen Destillierapparaturen mehr neu in Betrieb genommen worden – dann kamen Stamford Galsworthy und Fairfax Hall, die „Sipsmith Boys", und ließen sich von dem Deutschen Christian Carl eine hochwertige Destillieranlage aus Kupfer fertigen, die auf den schönen Namen „Prudence" getauft wurde und mit der Meisterdestillateur Jared Brown einen hochklassigen London Dry Gin herstellt. Die Destillerie befindet sich in einem Gebäude, das einst als Kleinbrauerei eines Pubs gedient und dann Michael Jackson gehört hatte – nein, nicht dem 2009 verstorbenen amerikanischen „King of Pop", sondern dem 2007 verstorbenen gleichnamigen britischen „King of Whisky", der mehrere Standardwerke zum Thema verfasst hat.

Die Flasche ziert ein Pot-Still-Schwanenhals, der sich einem Wacholderzweig zuneigt. Damit ist die Grundausrichtung bereits ausgesprochen: Der Sipsmith ist ein klassischer, traditioneller London Dry Gin, für den ausschließlich klassische, traditionelle Botanicals verwendet werden. Wacholderbeeren spielen eindeutig die erste Geige, während Zitrusaromen und eine leichte Süße erst später auf der Zunge ankommen.

Der Sipsmith hat sich binnen kürzester Zeit einen hervorragenden Ruf erworben. Sein besonderer Bezug zu London und der Themse findet nicht zuletzt darin Ausdruck, dass er mit Wasser der Lydwell Spring, einer der Quellen der Themse in den Cotswold Hills, auf Trinkstärke gebracht wird.

Botanicals
Koriandersamen, Angelikawurzel, Veilchenwurz, Süßholzwurzel, Zimt, Zimtkassie, Mandeln, Zitronen- und Orangenschale
41,6 % vol.

SLOANE'S DRY GIN

TOORANK DISTILLERIES · NIEDERLANDE

Hans Sloane (1660–1753) war ein irischer Botaniker und Naturhistoriker. 1727 wurde er Nachfolger von Isaac Newton als Vorsitzender der Royal Society, der ältesten britischen Akademie der Wissenschaften. Er war ein leidenschaftlicher Sammler, dessen Herbarium, das eine Vielzahl getrockneter Pflanzen vereinte, später in den Besitz des Britisches Museums in London überging. Viele der exotischen Pflanzen, die er sammelte, beschrieb und katalogisierte, sind unersetzliche Zutaten eines jeden Gins.

Die niederländische Destillerie Toorank setzte Sloane mit ihrem Dry Gin ein Denkmal. Die Botanicals werden separat mazeriert und destilliert, die Destillate gemischt

Botanicals
Koriandersamen, Angelikawurzel, Veilchenwurz, Vanille, Kardamom, Süßholz, Orangen, Zitronen
40 % vol.

und für mindestens einen Monat gelagert, damit sie sich in Ruhe „vermählen" können. Eine weitere Besonderheit ist die Verwendung frischer Zitronen und Orangen anstelle getrockneter Schalen, was dem Sloane's einen fruchtig-frischen Touch gibt. Das Resultat ist ein äußerst weicher, angenehmer Gin, in dem Wacholder die erste Geige spielt, flankiert von einer Spur Vanillesüße und herb-würzigen Noten.

ST. GEORGE BOTANIVORE GIN

ST. GEORGE SPIRITS · KALIFORNIEN, USA

1982 verließ Jörg Rupf seine Heimat im Schwarzwald und zog in die weite Welt hinaus. Er landete in der San Francisco Bay Area und gründete in einem Hangar der Naval Air Station Alameda – ein 1997 geschlossener Flughafen der US Navy – seine Brennerei. Fortan stellte er hochklassige Obstbrände her, die zu einer deutsch-kalifornischen Erfolgsgeschichte wurden. 2010 übergab er das Staffelholz an Lance Winters, einen einstigen Navy-Ingenieur, der bereits seit 1996 für St. George Spirits tätig war. Der ambitionierte Bierbrauer und Destillateur erweiterte die Angebotspalette von St. George Spirits umgehend auch um Gin. Und zwar nicht um einen Gin, sondern gleich um drei.

Das New-Western-Trio Botanivore, Dry Rye und Terroir dehnt die Grenzen des Begriffs Gin. Der Dry Rye ist malzig wie ein Genever, während der Terroir von den harzigen Kiefernoten der Douglasie dominiert wird.

Botanicals
Samen des Echten und Langen Korianders, Angelikawurzel, Veilchenwurz, Kardamom, Lorbeer, Schwarzer Pfeffer, Kümmel, Fenchel- und Dillsamen, Sternanis, Ingwer, Zimt, Citra (Hopfen), Zitronen-, Orangen-, Limetten- und Bergamotteschale
45 % vol.

Der dritte im Bunde, der Botanivore, macht mit 19 Zusätzen seinem Ruf als „Botanical-Fresser" alle Ehre. Seine ebenso delikate wie harmonische Aromenvielfalt wird von Zitrusnoten dominiert, während der Wacholder sich diskret zurückhält. Seine Vielschichtigkeit macht ihn zu einem Alleskönner – exzellent geeignet sowohl für Longdrinks und Cocktails als auch den Genuss pur.

TANQUERAY NO. TEN

DIAGEO · CAMERONBRIDGE GIN DISTILLERY · SCHOTTLAND

Charles Tanqueray, ein Nachfahre französischer Einwanderer, gründete 1830 seine Destillerie in Bloomsbury, im Herzen Londons. Schon damals entwickelte er das Rezept für den Tanqueray London Dry Gin, der lediglich mit vier Botanicals – Wacholder, Angelikawurzel, Koriandersamen und Süßholz – destilliert wird und der Inbegriff des London Dry Gins ist. Mehrfach zog Tanqueray um, zunächst innerhalb Londons, dann nach Essex, 1998 schließlich ins schottische Dorf Windygates, wo der internationale Konzern Diageo eine der größten Whiskybrennereien Schottlands betreibt, in der neben Tanqueray auch Gordon's Gin hergestellt wird.

Rechtzeitig zum neuen Jahrtausend realisierte Tanqueray den No. Ten, einen herausragenden Gin des neuen Millenniums. Der No. Ten wird in zwei Durchgängen aromatisiert. In Tanquerays Destillationsblase Nummer 10, mit dem schönen Namen „Tiny Tim", einer kleine Testapparatur,

Botanicals
Orangen, Limetten, Grapefruit, Angelikawurzel, Koriandersamen, Süßholz, Kamille
47,3 % vol.

wird das „Zitrusherz" mit frischen Orangen, Limetten und Grapefruit geschaffen. Für den zweiten Durchgang in Blase Nummer 4, „Old Tom", werden die klassischen Botanicals zugesetzt, ergänzt um Kamille und erneut frische Limetten. Zwar sind die frischen Zitrusnoten klar und deutlich, jedoch ändert das nichts an der ungebrochenen Präsenz des Wacholders in diesem perfekten Gin.

Der dritte Tanqueray im Bunde ist der Rangpur, der mit Lorbeer, Ingwer und Rangpur-Limetten destilliert wird. Alle Flaschen aus dem Hause Tanqueray sind klassischen Cocktailshakern nachempfunden – ein unmissverständlicher Hinweis darauf, was man mit dem Inhalt anstellen könnte.

THE BOTANIST ISLAY DRY GIN

RÉMY COINTREAU
BRUICHLADDICH DISTILLERY · SCHOTTLAND

In die schottische Insel Islay, die zu den Inneren Hebriden gehört, ragt von Südwesten die Bucht Loch Indaal, an der die beiden wichtigsten Whisky-Brennereien des Eilands beheimatet sind, Bowmore und Bruichladdich. Letztere wurde 1881 von den Brüdern Robert, John und William Harvey gegründet und gelangte schnell zu Weltruhm.

Auf Islay ist alles etwas rauer, nicht nur das Klima, und so wird der erste und einzige Gin von Bruichladdich in einer Kupferbrennblase gebrannt, die auf den Namen „Ugly Betty" getauft wurde. Für den Islay Dry Gin destilliert sie bei geringem Druck über 17 Stunden in dem sehr seltenen, 1955 entwickelten Lomond-Still-Verfahren, das heute außer bei Bruichladdich nur noch bei der Whisky-Brennerei Scapa auf der Orkney-Insel Mainland zum Einsatz kommt, sich ansonsten aber nicht durchsetzen konnte, weil es sich als zu zeit- und arbeitsintensiv erwies.

Inmitten des kargen schottischen Grüns nimmt man jedoch die notwendige Mühe und Zeit auf sich – mit bemerkenswerten Ergebnissen. Komponiert aus 31 Botanicals, ist The Botanist ein außergewöhnlich komplexer Gin der Spitzenklasse. Der Wacholder ist dominant wie in bestem festländischen London Dry Gin, wird aber umgarnt von den herben Kräutertönen der Hebriden und einer atlantischen Zitrusbrise.

Botanicals

9 übliche: Angelikawurzel, Zimt, Zimtkassie, Koriandersamen, Zitronen- und Orangenschale, Süßholz, Veilchenwurz

22 lokale: Pfeffer-, Apfel- und Wasserminze, Zitronenmelisse, Kamille, Mädesüß, Sumpfmyrte, Rainfarn, Weißklee, Beifuß, Thymian, Waldsalbei, Birkenblätter, Ackerkratzdistel, Wacholderzapfen, Holunder-, Ginster-, Heide-, Labkraut-, Liebstöckel-, Rotklee- und Weißdornblüten

46 % vol.

THE DUKE MUNICH DRY GIN

THE DUKE DESTILLERIE · DEUTSCHLAND

Im Jahr 2007 gründeten die Historiker Maximilian Schauerte und Daniel Schönecker in der Münchener Maxvorstadt, umgeben von Kunst und Kultur, Museen und Hochschulen, eine kleine Destillerie, in der sie den ersten Gin der bayerischen Landeshauptstadt brennen. Sie nannten ihn „The Duke" – und damit ist man bereits mitten drin in der bayerischen und europäischen Geschichte. Der Herzog, damit ist nämlich Heinrich der Löwe gemeint. 1152 verhalf der Welfe seinem Vetter Friedrich Barbarossa auf den Königsthron. Im Gegenzug erhielt er 1156 das Herzogtum Bayern. In den nächsten zwei Jahren ließ er eine Brücke zwischen Unter- und Oberföhring, die unter bischöflicher Kontrolle war, niederreißen, und eine neue in Höhe der heutigen Ludwigsbrücke bauen. Damit lenkte er die Wege des Salzhandels um und konnte fortan Steuern abschöpfen. Um die neue Brücke herum wuchs die

Botanicals
Koriandersamen, Angelikawurzel, Ingwer, Lavendelblüten, Kubebenpfeffer, Zimt, Zitronenschalen, Orangenblüten, Gerstenmalz, Hopfenblüten, insgesamt 13 Botanicals
45 % vol.

Siedlung Munichen, die heute München heißt.

The Duke wird sorgfältig mit 13 Botanicals mazeriert und dann in einer Kupferdestille doppelt gebrannt. Alles an ihm ist Handarbeit, bis hin zur Etikettierung, alles, was in ihn gelangt, stammt aus Bio-Anbau. Eine besondere Note erhält er durch zwei typisch bayerische Zutaten: Gerstenmalz macht den Duke weich und vollmundig, Hopfenblüten geben ihm eine feinherb-würzige Note. Hopfen und Malz – der Herrgott erhalt's!

178

THE LONDON NO. 1 ORIGINAL BLUE GIN

GONZÁLEZ BYASS · THAMES DISTILLERS · ENGLAND

Es gibt Gins in blauen Flaschen, und es gibt blaue Gins. Die Nummer eins unter den blauen Gins ist der London No. 1 Original Blue Gin. Er ist dry, trägt London im Namen und selbstredend handelt es sich um einen Gin – trotzdem darf er sich nicht London Dry Gin nennen, denn zu seinem mediterranen Blau gelangt er durch eine zweite Mazeration mit Geranienblüten. Früher hieß er schlicht und einfach The London Gin, heute unterstreicht die niedrige Trikotnummer seine hohe Bedeutung.

Der London No. 1 gehört zu der Handvoll Gins, die heute in London destilliert werden – und das gleich vierfach. Bohnenkraut verleiht ihm herbe Aromen, denen die Süße von Zimt und Kassie entgegenstehen, dazwischen drängeln sich pfeffrige Zwischentöne. Während die Gardenienblüten einen eher optischen Beitrag zur strahlenden türkisblauen

Botanicals
Koriandersamen, Angelikawurzel, Veilchenwurz, Bohnenkraut, Zimt, Süßholz, Zimtkassie, Mandeln, Orangen- und Zitronenschale, Bergamotte, Gardenienblüte
47 % vol.

Farbe leisten, bringt Bergamotteöl einen Touch von Earl-Grey-Tee und von gut englischer Tea Time ein.

Ebenfalls zur Tea Time schlägt bekanntlich die große Stunde des in England überaus beliebten Sherrys. Es ist deshalb kein Wunder, dass der London No. 1 inzwischen zur bekannten Bodega González Byass aus Cádiz an der spanischen Atlantikküste gehört. Britisch-iberische Romanzen sind ja bei Sherry und Portwein an der Tagesordnung, hier kam es nun auch in Sachen Gin zu einer Liaison.

WHITLEY NEILL HANDCRAFTED DRY GIN

HALEWOOD INTERNATIONAL
LANGLEY DISTILLERY · ENGLAND

Gin-Produzent John James Whitley Neill ist ein direkter Nachfahre von niemand Geringerem als Edward Greenall, der 1860 die von Thomas Dakin gegründete Gin-Brennerei im nordenglischen Warrington pachtete, die sich nach der Umwandlung der Pachtvereinbarung in einen Kaufvertrag 1870 durch seine jüngeren Brüder Gilbert und John als „G&J Greenall" zu einem der größten Gin-Hersteller Großbritanniens entwickeln sollte. Whitley Neill erinnerte sich der stolzen Familientradition und kreierte 2005 seinen eigenen Gin, in dem er – inspiriert von der afrikanischen Heimat seiner Frau – erstmals die traditionelle englische Brennkunst mit den fremdartigen Aromen des Schwarzen Kontinents vereinigte. Bein der Wahl der Destillerie kam es allerdings zu einer familiengeschichtlichen Ketzerei: Denn nicht bei Greenall's, sondern in der Langley Distillery nahe Birmingham wird der Handcrafted Dry Gin zum Leben erweckt.

Seit 2013 steckt der Whitley Neill in der geheimnisvoll schwarzen Flasche, auf der ein stilisierter Affenbrotbaum abgebildet ist. Der „Lebensbaum" wächst in den Savannen südlich der Sahara, wird bis zu 20 Meter hoch und kann mehrere hundert Jahre alt werden. Seine Früchte sind wahre Vitamin-C-Bomben und verleihen dem Whitley Neill eine frische, Grapefruit-artige Geschmacksnote. Der sorgfältig in Handarbeit hergestellte Premium-Gin ist angenehm mild, im Abgang wartet er mit pfeffriger Vanille auf.

Botanicals
Koriandersamen, Angelikawurzel, Veilchenwurz, Zimtkassie, Zitronen- und Orangenschale, Kapstachelbeere, Affenbrotbaumfrucht
42 % vol.

WILLIAMS CHASE ELEGANT CRISP GIN

CHASE DISTILLERY · ENGLAND

Zwei Jahrzehnte lang arbeitete William Chase in der Grafschaft Herefordshire in den West Midlands als Kartoffelbauer. Das füllte ihn jedoch nicht aus, und so gründete er 2002 „Tyrrells Crisps" und stellte fortan hochklassige, handfrittierte Kartoffelchips her. Auf einer Geschäftsreise in den USA im Jahr 2004 besuchte er eine kleine Destillerie, die Kartoffeln zu Wodka verarbeitete, und die Idee war geboren, seine eigene Kartoffelernte ebenfalls auch für hochprozentige Zwecke zu nutzen. Nach vier Jahren Vorbereitungen gründete er 2008 die Chase Distillery.

Manche nennen den Elegant Gin den „kompliziertesten" Gin der Welt. Er basiert nämlich nicht, wie üblich, auf einem neutralisierten Getreidealkohol, sondern auf Apfel-Wodka. Zuerst werden hofeigene, biologisch angebaute Mostäpfel gepresst und zu Cider fermentiert, der dann gebrannt wird. Das Ergebnis, der „Naked Chase Apple Vodka", wird von Chase nicht nur erfolgreich vertrieben – sondern eben auch zu Gin weiterverwandelt. In einer kleinen Carter-Head-Destille steuern Wacholder und Co. ihre Geschmacksnoten hinzu, anschließend wird das Resultat mit Wasser aus der hofeigenen Quelle auf stolze 48 % vol. eingestellt. So kompliziert der Elegant Gin in der Herstellung ist, so komplex ist er auf der Zunge. Sein klarer Wacholdergeschmack wird umrahmt von saftigen Apfel- und weichen Holundernoten, die in würziges Süßholz übergehen.

Botanicals
Koriandersamen, Angelikasamen und -wurzel, Veilchenwurz, Süßholz, Orangen- und Zitronenschale, Hopfendolden, Holunderblüten, Bramley (Apfel)
48 % vol.

XORIGUER MAHÓN GIN

DESTILERIAS XORIGUER – MIGUEL PONS JUSTO · SPANIEN

Nach dem Tod des letzten spanischen Habsburgers König Karl II. im Jahr 1700 führten Frankreich und das habsburgische Österreich einen Krieg um die „freie" spanische Krone. Auf Seiten Österreichs stand auch Großbritannien. Als die britische Admiralität 1708 die Festung Mahón auf Menorca einnahm und die Baleareninsel 1713 im Frieden von Utrecht der britischen Krone zugesprochen wurde, kamen unzählige englische Soldaten auf das mediterrane Eiland. Und sie wollten nicht nur, aber auch: Gin trinken.

Bald begann man mit der Einfuhr von Wacholder und der Produktion von Gin. Zu den alteingesessenen menorquinischen Brennern gehört die Destillerie Miguel Pons Justo im Hafen von Mahón. Der Xoriguer ist nach der jahrhundertealten Windmühle der Familie benannt, die auch das Etikett der Flasche ziert. Nicht aus Getreide, sondern aus Weintrauben entsteht seit jeher der Alkohol, der dann mit Wacholderbeeren, aber bestimmt nicht nur mit ihnen, aromatisiert wird – welche weiteren Botanicals verwendet wer-

den, ist ein streng gehütetes Familiengeheimnis. Im Gegensatz zu anderen Gins hat das resultierende Destillat bereits die gewünschte Trinkstärke von mediterran-leichten 38 % vol. Neben dem Plymouth ist der Gin de Mahón der einzige Gin mit EU-rechtlich geschützter Herkunftsbezeichnung. Die Einheimischen genießen ihn als „Pomada" – eisgekühlt mit Bitter Lemon anstelle von Tonic.

Botanicals
... streng gehütetes Familiengeheimnis ...
38 % vol.

Mixen mit Gin

GIMLET

4 cl Dry Gin, 2 cl Lime Juice, 1 TL Zuckersirup

Zutaten in ein bis zur Hälfte mit Eisstücken gefülltes Rührglas geben,
gut verrühren und durch einen Strainer in einen Tumbler geben.
Je nach Geschmack mit Sodawasser auffüllen und mit Limettenzesten
garnieren.

GIN FIZZ

5 cl Dry Gin, 3 cl Zitronensaft, 1 cl Zuckersirup, Sodawasser, 1 Zitronenscheibe

Gin, Saft und Sirup in einen zur Hälfte mit klein gehacktem Eis gefüllten Shaker geben, kräftig schütteln, in ein Longdrinkglas abseihen, mit Soda-wasser auffüllen und mit Zitronenscheibe servieren.

GIN OLD FASHIONED

*1 TL Zucker, Sodawasser, 4 cl Dry Gin, 1 Spritzer Angostura, je ½ Orangen-
und Zitronenscheibe, 1 Cocktailkirsche*

Zucker mit wenig Sodawasser in einem Tumbler auflösen, Eisstücke,
Gin und Angostura hinzufügen und mit Sodawasser auffüllen.
Mit Orangen- und Zitronenscheibe und Cocktailkirsche servieren.

GIN TONIC

4 cl Gin, Tonic Water, Zitronenscheibe
(Das Mischverhältnis von Gin zu Tonic Water variiert je nach Geschmack
von 1:1 bis 1:3 oder höher.)

Eisstücke in ein Longdrinkglas geben, Gin hinzufügen, mit Tonic Water
auffüllen und mit Zitronenscheibe servieren.

SINGAPORE SLING

5 cl Gin, 2 cl Cherry Brandy, 1 TL Zuckersirup, 1 Spritzer Grenadine,
Saft von ½ Zitrone, Sodawasser, ½ Zitronenscheibe, 1 Cocktailkirsche

Zutaten in einem Rührglas mixen, durch einen Strainer in einen Tumbler geben, mit Sodawasser auffüllen. Zitronenscheibe und Cocktailkirsche hinzufügen.

TOM COLLINS

4,5 cl Old Tom Gin,
3 cl Zitronensaft,
1,5 cl Zuckersirup,
6 cl Sodawasser,
1 Spritzer Angostura,
2 Orangenscheiben,
1 Cocktailkirsche

Gin, Zitronensaft, Zuckersirup und
Sodawasser in ein mit Eiswürfeln
gefülltes Longdrinkglas geben,
umrühren. Mit einem Spritzer
Angostura abrunden und mit
Orangenscheiben und Cocktailkirsche dekorieren.

WHITE LADY

4 cl Gin, 2 cl Cointreau, 2 cl Zitronensaft, 1 Cocktailkirsche

Shaker zur Hälfte mit zerkleinerten Eisstücken füllen, mit den Zutaten
gut durchschütteln und durch einen Strainer in ein Cocktailglas gießen.
Mit der Cocktailkirsche garniert servieren.

PACIFIC

4 cl Gin, 1,5 cl Cointreau, 1,5 cl Kirschwasser, 2 Cocktailkirschen

Eiswürfel in ein Rührglas geben. Gin, Cointreau und Kirschwasser
dazugeben, gut verrühren und in ein Cocktailglas abseihen.
Mit den Cocktailkirschen garniert servieren.

FALLEN ANGEL

4 cl Gin, 2 cl Zitronensaft, 2 Spritzer grüne Crème de Menthe,
1 Spritzer Angostura

Gin, Zitronensaft, Crème de Menthe, Angostura und 3 Eiswürfel in einem
Shaker kräftig mischen. In ein kleines Cocktailglas abseihen.

NAPOLEON

4 cl Gin, 2 cl Curaçao Orange,
2 Barlöffel Dubonnet,
1 Spritzer Fernet Branca,
1 Zitronenzeste,
½ Orangenscheibe

Gin, Curaçao, Dubonnet und
Fernet Branca in einem Rührglas
verrühren. In ein Longdrinkglas
umgießen und mit der Zitronenzeste und der Orangenscheibe
garnieren.

SAVOY HOTEL SPEZIAL

4,5 cl Gin, 1,5 cl Vermouth Dry, 1 Spritzer Pernod,
2 Spritzer Grenadine, 1 Zitronenzeste

Gin, Vermouth, Pernod und Grenadine in einer Cocktailschale verrühren
und mit der Zitronenzeste dekorieren.

DRY MARTINI

5 cl Gin, 1 cl Vermouth Dry, 1 grüne Olive

Eiswürfel in ein Mixglas geben, Gin und Vermouth hinzufügen, umrühren und in ein Cocktailglas abseihen. Eine grüne Olive mit Kern hinzugeben.

ANGEL'S DELIGHT

2 cl Gin, 2 cl Cointreau, 2 cl Sahne, 1 Barlöffel Grenadine

2 Eiswürfel, Gin, Cointreau, Sahne und Grenadine in einem Shaker gut durchschütteln. In eine kleine Cocktailschale abseihen.

ROYAL SMILE

5 cl Gin, 3 Barlöffel Zitronensaft, 1,5 cl Grenadine

Gin, Zitronensaft und Grenadine in einen Shaker geben. 2 Eiswürfel
dazugeben und gut schütteln. In ein Longdrinkglas abseihen.

LONDON FOG

5 cl Gin, 1,5 cl Pernod

Gin und Pernod verrühren. Eine Cocktailschale mit gestoßenem Eis füllen und den Cocktail daraufgießen. Nach Belieben garnieren.

JAMAICA GLOW

3 cl Gin, 1 Barlöffel dunkler Rum, 1,5 cl Rotwein, 1 cl Orangensaft

Gin, Rum, Rotwein, Orangensaft und 3 Eiswürfel im Shaker gut schütteln.
In ein Cocktailglas mit Crustarand abseihen.

REGISTER

Gin-Sorten

Dry Gin 51
London Dry Gin 50
New Western Dry Gin 53
Old Tom Gin 54
Plymouth Gin 52
Sloe Gin 56

Gin-Rankings

Beverage Testing
    Institute 36
Proof66 59
San Francisco World Spirits
    Competition 22
Ultimate Spirits
    Challenge 28
Wine Enthusiasts 49

Tonic Waters

1724 Tonic Water 63
Fentimans
    Tonic Water 64
Fever-Tree Premium
    Indian Tonic Water 63
Schweppes Indian
    Tonic Water 62
Thomas Henry
    Tonic Water 62

Gin-Porträts

Adler Berlin Dry Gin 68
Aviation American Gin 70
Beefeater London Dry Gin 72
Berkeley Square London Dry Gin 74
Blackwood's Vintage Dry Gin 76
Bloom Premium London Dry Gin 78
Blue Gin 80
Bluecoat American Dry Gin 82
Boë Superior Gin 84
Bombay Sapphire
    London Dry Gin 86
Boodles British London Dry Gin 88
Booth's London Dry Gin 90
Brecon Special Reserve Gin 92
Brockmans Premium Gin 94
Broker's Premium London Dry Gin 96
Cadenhead's Old Raj Dry Gin 98
Caorunn Scottish Gin 100
Citadelle Gin 102
Clouds Gin 104
Corsair Gin-Head Style
    American Gin 106
Damrak Amsterdam
    Original Gin 108
Dodd's Gin 110
Dutch Courage Dry Gin 112
Edinburgh Gin 114
Elephant London Dry Gin 116

Ferdinand's Saar Dry Gin 118
Filliers Dry Gin 28 120
Fords London Dry Gin 122
Geranium Premium
   London Dry Gin 124
Gin Mare 126
Gin Sul 128
Gordon's London Dry Gin 130
Greenall's Original
   London Dry Gin 132
G'Vine Floraison & Nouaison 134
Hayman's London Dry Gin 136
Hendrick's Gin 138
Jensen's London Dry Gin 140
Leopold's American
   Small Batch Gin 142
London Hill London Dry Gin 144
Martin Miller's Gin 146
Monkey 47 Schwarzwald Dry Gin 148
No. 3 London Dry Gin 150
No. 209 Gin 152
Nolet's Silver Dry Gin 154
Pickering's Gin 156
Plymouth Gin 158
Portabello Road No. 171
   London Dry Gin 160
Sacred Gin 162
Saffron Gin 164
Seagram's Extra Dry Gin 166

Sipsmith London Dry Gin 168
Sloane's Dry Gin 170
St. George Botanivore Gin 172
Tanqueray No. Ten 174
The Botanist Island Dry Gin 176
The Duke Munich Dry Gin 178
The London No. 1 Original
   Blue Gin 180
Whitley Neill Dry Gin 182
Williams Chase Elegant Crisp Gin 184
Xoriguer Mahón Gin 186

Mixen mit Gin
Angel's Delight 202
Dry Martini 201
Fallen Angel 198
Gimlet 190
Gin Fizz 191
Gin Old Fashioned 192
Gin Tonic 193
Jamaica Glow 205
London Fog 204
Napoleon 199
Pacific 197
Royal Smile 203
Savoy Hotel Spezial 200
Singapore Sling 194
Tom Collins 195
White Lady 196